Félix Lope de Vega y Carpio

La bella Aurora

Barcelona 2024
Linkgua-ediciones.com

Créditos

Título original: La bella Aurora.

e-mail: info@red-ediciones.com

Diseño de cubierta: Michel Mallard.

ISBN rústica: 978-84-9816-185-4.
ISBN ebook: 978-84-9897-716-5.

Sumario

Brevísima presentación

La vida

Félix Lope de Vega y Carpio (Madrid, 1562-Madrid, 1635). España.

Nació en una familia modesta, estudió con los jesuitas y no terminó la universidad en Alcalá de Henares, parece que por asuntos amorosos. Tras su ruptura con Elena Osorio (Filis en sus poemas), su gran amor de juventud, Lope escribió libelos contra la familia de ésta. Por ello fue procesado y desterrado en 1588, año en que se casó con Isabel de Urbina (Belisa).

Pasó los dos primeros años en Valencia, y luego en Alba de Tormes, al servicio del duque de Alba. En 1594, tras fallecer su esposa y su hija, fue perdonado y volvió a Madrid.

Entonces era uno de los autores más populares y aclamados de la Corte. La desgracia marcó sus últimos años: Marta de Nevares una de sus últimas amantes quedó ciega en 1625, perdió la razón y murió en 1632. También murió su hijo Lope Félix. La soledad, el sufrimiento, la enfermedad, o los problemas económicos no le impidieron escribir.

Personajes

Céfalo
Floris
Fabio
Elisa
El Príncipe Doristeo
Perseo
Aurora
Belisa
Diana
Julio, villano
Anteo, villano
Un Gigante
Felicio
Fineo

Jornada primera

(Salen Céfalo, de camino, y Floris.)

Céfalo
Señora, fálteme Dios
si hallo cosa en esta ausencia
que pueda hacer resistencia
al mal de faltarme vos.
Y es para el alma tan fuerte,
que su consideración
no tiene comparación
con el rigor de la muerte.
Crece la tristeza mía
con tanta violencia, amor,
que en el temor y el dolor
mil veces muero en un día.
Yo llevo, en fin, de los dos
mayor soledad agora,
que no estáis sola, señora,
acompañada de vos;
que para comparación
de que en dolor me igualáis,
pues que vos con vos estáis,
mayores mis males son.
Dad ventaja a mi memoria
de las penas que sentís,
porque donde vos vivís,
¿qué puede haber sino, gloria?
Cesar la eterna armonía
de las esferas del cielo,
alma del Sol, que en el suelo
cuanto vive engendra y cría:
Hacer eterna amistad
los elementos, parece

decir que haceros merece
mi presencia soledad.
No lo creáis, pensamiento;
máteme cuerdo el pesar,
y no sin seso el pensar
tan altos merecimientos.

Floris

Si es cumplir la obligación
que a los discretos les dan
el ser marido y galán,
Céfalo, en esta ocasión,
como ya propia mujer,
viéndoos burlar y partir,
pondré el cuidado, en sentir,
no le pondré en responder:
y no diré el sentimiento,
si no es que celos me den
para responder también
vuestro mismo entendimiento.
Que dicen que suelen ser,
con la fuerza del sentir,
tan discretos en decir
como necios en hacer.
Sé que os vais, y que no es justo
que me obligue lo que os culpa,
porque no tiene disculpa
quien se parte por su gusto.
Y así, no quiero admitir
lo que vos me podéis dar;
que quien lo pudo excusar,
¿cómo lo puede sentir?
Y aunque galán presumáis
quererme satisfacer,
basta ser propia mujer

para que no lo sintáis.

Céfalo

Vos habéis, mi bien, caído
en yerro en que muchas dan,
que no puede amar galán
el que posee marido;
porque la seguridad
no quita fuerza al amor,
que antes, en todo rigor,
aumenta la voluntad;
ni sé qué pueda tener
de discreto ni de grave
el marido que no sabe
ser galán de su mujer.
Que adonde hay entendimiento
y discurso de razón,
una justa posesión
no quita el merecimiento.
Que me parto por mi gusto
niego, pues voy tan forzado
cuanto sé que causa he dado,
mi bien, a vuestro disgusto.
No presumáis tan cruel
que mi amor en celos anda,
pues el Príncipe me manda
ir a esta caza con él.
¿Qué excusa pudiera dar
que me pudiera valer?
Que de la propia mujer
nunca se admite el pesar.
Porque, fuera de perdelle,
quedáramos mal los dos
si dijera que por vos
dejaba de obedecelle.

Floris La disculpa no os faltara
si el gusto y la novedad
para dejar la ciudad,
a mis brazos no os forzara:
mas no quiero daros pena,
que me voy pasando a dama,
cosa que la buena fama
en mujer propia condena.
Y aunque al honor fuera impropia,
¡ay Dios, quién supiera hacer
que se pudiera perder
esto de ser mujer propia!

Céfalo ¡Oh, qué donaire tan grande!
¡Oh, qué imposible tan nuevo!

(Salen Fabio y Elisa, criados.)

Fabio Yo cumplo con lo que debo,
si no es que quedar me mande.

Elisa Bien te supieras quedar
si me tuvieras amor.

Fabio No hay amor donde hay señor,
ni quedar donde hay mandar.

Elisa ¿Otros criados no había?

Fabio No seas, Elisa, loca;
que hay criados de la boca,
que la sirven todo el día,
que en dando todo señor

en llamar siempre un criado,
aquél es de su cuidado
inmortal ejecutor.

Céfalo ¿Es Fabio?

Fabio ¿Qué es lo que quieres?

Céfalo ¿Qué hay de partida?

Fabio Que ya
todo apercibido está.

Floris Fabio, cuidadoso eres.

Fabio Lo primero los rocines,
aunque boca abajo están,
relinchos por gracias dan
que al campo los encamines;
el tuyo el bocado muerde
bañando el oro en espuma,
ya papagayo sin pluma
todo vestido de verde;
porque sin las guarniciones,
verdes por partes distintas,
en crin y cola, mil cintas
sirven de plumas y alones;
yo llevo aquel bayo a quien
cubre el enmaderamiento,
un pellejo macilento
por quien las tripas se ven.
Si ves el rocín, señor,
pensarás que han puesto allí
un viejo guadamací

a un banco de un herrador.
¡Por Dios, que pienso que voy
sobre la envidia a esta caza!

Céfalo
¿No vas con gusto?

Fabio
Mi plaza
a quien la quisiere doy.

Céfalo
El correrá.

Fabio
Poco o nada;
presto tus ojos lo vean,
sino es que los ciervos sean
hechos de paja y cebada.
De perros nos va mejor,
galgos, sabuesos y bracos,
grandes, chicos, gordos, flacos,
que atados forman, señor,
una capilla perruna
en esa puerta, que es cosa
insufrible.

Céfalo
Dulce esposa,
yo voy corriendo fortuna
en el mar de vuestros ojos;
no me aneguéis de esa suerte,
ni el Sol que de ellos se vierte
eclipse nubes de enojos.
Venid a verme partir
pues tan presto he de volver.

Floris
Temo que os he de perder,
porque me suele decir

el alma muchas verdades.

Céfalo ¿Perder por ir a cazar
a un monte? ¡Qué incierto mar
para apartar voluntades!
Venid, que el Príncipe espera.

Floris No me puedo consolar.

Fabio Y ella no puede llorar.

Elisa Llorar ¡oh Fabio! quisiera;
pero tengo el corazón
encontrado con los ojos.

Fabio Pues pescados sin remojos
secos, incomibles son;
no llores si hay fe tan poca;
que llorar y no sentir,
es por los ojos mentir,
que suele ser por la boca.

(Salen el Príncipe de Tebas, Doristeo, de caza, y Perseo, privado suyo.)

Doristeo Si sabes qué es amor, sabrás, Perseo,
que es siempre industrias todo.

Perseo No sé de amor el modo,
mas sé que amor es hijo del deseo,
y que para gozar lo que desea,
no hay imposible que difícil sea.

Doristeo Adoro la divina prenda hermosa
de Céfalo dichoso,

imposible forzoso,
por ser, como lo es ya, su casta esposa:
hoy al campo le llevo
sin estimar lo que a mí mismo debo.
No a quitarle la vida, porque fuera
quitársela a su esposa:
una industria amorosa
me enseña a que le deje en la ribera
del mar, o entre las selvas divertido,
para que vuelva a pretender su olvido;
favor pido al amor, Céfalo ausente,
que ausencias suelen darle:
no con dejar de amarle,
con menos quiero yo que me contente:
hábleme solo a mí, solo merezca
mi amor, que sin amarme le agradezca.
Dos ojos tiene el cielo: el verdadero
se llama el Sol dorado;
con resplandor prestado
sale la Luna; pues lo mismo quiero.
Quiera a Céfalo bien, ¡qué desvarío!
Y resplandor prestado será el mío.

Perseo

Si no supiera yo lo que es amarte,
divina Floris mía,
fuera vana porfía
sus experiencias presumir el arte;
el Príncipe te adora, y yo en secreto,
pero con esperanza a un mismo efeto.
Mas ¿quién tan atrevida y locamente
al poder amoroso
querrá oponer celoso
su loco amor, si el Príncipe le siente?
Porque no solo la lealtad debida,

que igual peligro correrá la vida.

Doristeo

¿Murmuras de mi loco pensamiento,
o por ventura piensas
que igualará defensas
Floris a su amoroso atrevimiento?
Pues ten por cierto (aunque parezca loco)
que, a ser posible, le tuviera en poco.
Armese Floris de desdén conmigo,
cubra el hermoso cielo
de cristalino hielo,
y los dioses me dan mayor castigo
que a quien hurtó su llama, que no puedo,
tener menos amor ni mayor miedo.

Perseo

Conmigo estás, señor, tan disculpado,
que de este pensamiento
a tu merecimiento,
si no te conociera, hubiera dado
aquel lugar que la naturaleza
puso en tu sangre por mayor grandeza.
Ama a Floris divina, al campo lleva
a su engañado esposo;
que amor es poderoso,
y no es la industria en sus intentos nueva:
de los dioses que adoras en su templo,
los engaños de amor toman ejemplo.
Coronados de flores, blanco Toro,
pasó la mar a Europa,
sin vela, o viento en popa,
Júpiter, que otra vez en lluvia de oro
transformado, gozó de Danae bella.

Doristeo

Valed, engaños, mi amorosa estrella.

(Salen Céfalo y Fabio.)

Céfalo
Déme, señor, Vuestra Alteza
los pies.

Doristeo
¡Oh, Céfalo amigo!
¡Ay celos, de amor castigo!
¡Ay, soberana belleza!
¡Oh, qué gran favor me has hecho
en quererme acompañar!

Céfalo
Esto es servirte, y mostrar
que amor me debe tu pecho.

Doristeo
El ser tan recién casado,
bien claro muestra que ha sido
haberme favorecido
y para siempre obligado.
Quedará Floris muy triste.

Céfalo
Es discreta, y vio que es justo
servirte, porque en tu gusto
todo el de los dos consiste;
pero al fin, como mujer,
en lágrimas...

Doristeo
¡Qué rigor!
¡Quién las mereciera ver!
Pero lágrimas lloradas
por otro amor fuego fueran,
por más hermosas que hicieran
tus estrellas enojadas.
Ahora bien, Céfalo, vamos;

que ya nos llaman ausentes,
las sombras entre las fuentes,
y la caza entre los ramos:
  que yo también dejo a quien
no siente mi ausencia menos;
volveremos de amor llenos,
y de despojos también.
  Tú para dar a tu esposa,
y yo a cierto desdén mío;
que mucha venganza fío
para la vuelta amorosa
  de esta ausencia, aunque ha de ser
más breve de lo que piensas.

Céfalo

No hay para mi amor ofensas
como no darte a entender
  que aventurara por ti
mayor bien, si mayor fuera,
aunque mi esposa perdiera,
que es el mayor que hay en mí.
  A los montes que me llevas
y adonde Alcides bajó,
iré por servirte yo;
solo quiero que me debas
  este amor, este deseo.

Doristeo

¿Quién viene contigo?

Céfalo

Fabio;
que en dejarle hiciera agravio
a su amor.

Doristeo

Así lo creo.

Fabio

Déme tu Alteza los pies.

Doristeo

¿Traes, Fabio, aquestos días
aquel humor que solías?
que ha mucho que no me ves.

Fabio

Señor, las cosas están
de forma, o fueron mejores,
que gastarán los humores,
y aun la vida gastarán.
Perece el mundo, y no espero
que ha de haber otro segundo.

Doristeo

¿Cómo ansí?

Fabio

Falta del mundo,
el alma, que es el dinero.
No sé cómo pueda darte
de esta sentencia el sentido;
lo que estaba repartido,
está todo en una parte.
No tiene la mocedad
las costumbres que solía;
la vejez niega y porfía
las señales, y la edad:
esto no entra bien aquí;
de damas, el interés
se ha vuelto amor.

Doristeo

Si ansí es,
bien andará para mí
el mundo con sus mudanzas,
pues podré, Floris, con oro,
atrevido a tu decoro,

esforzar mis esperanzas.
En fin es el interés
muy poderoso.

Fabio
Es de modo,
que es dueño y señor de todo.

Doristeo
Muy justamente lo es;
y a su ejemplo, esta cadena
te has de poner.

Fabio
Ya tenía
otra mayor, que es la mía,
de tus beneficios llena.

Doristeo
Fabio, Fabio, los criados
todos sois murmuración,
si por cualquiera ocasión
nos veis de dar descuidados.
¡Ay de los señores, Fabio!
Porque, en dejando de dar.
cosa no sabéis hablar
sin nuestra ofensa y agravio.

Fabio
Si con aquesta pensión
esta cadena me dabas,
más intereses cobrabas
que sus principales son:
lo que yo decir quería
no lo interpretaste bien,
porque el interés también
más altamente porfía:
bien sé que dais, y que honráis,
y sé, pero no te enojes

que dais como los relojes,
que no sabéis lo que dais;
dad a un cuerdo, a un noble, a un sabio
y daréis bien.

Doristeo (Aparte.) (Ahora bien,
yo quiero darte también
por esas tres cosas, Fabio.)
Venme a hablar sin que te vea
Céfalo.

Fabio Tu esclavo soy.
¿Qué es esto? Confuso estoy.
Algo el Príncipe desea.

(Vanse.)

(Salen la ninfa Aurora, y Belisa, con arcos, velos y baqueros.)

Belisa Amor menospreciado,
venganzas apercibe.

Aurora De quien segura vive,
no se verá vengado;
que él deseos tira,
que no con arco y flechas, que es mentira
pues esos reportados
con cuidados que velan,
cuando más se revelan,
¿cómo serán cuidados?
si el amor es deseo,
haced que el alma ignore lo que veo.

Belisa Pues cuando ven los ojos

lo que es digno de amarse,
¿Puede el alma ocultarse
para no darle enojos?
Mas ignoras con arte
que el alma está del todo en toda parte.
  Desengáñate, Aurora,
que el alma es la primera,
que lo que considera,
por los ojos adora;
sin consultarla, o casta, o amorosa.

Aurora

  Belisa, yo te digo
que, si ella se resiste,
que nunca la conquiste
pensamiento enemigo:
donde ella no consiente,
ni el gusto obliga, ni el sentido siente.
  La dulce compañía
de la casta Diana,
desde que la mañana
abre, la puerta al día,
hasta que se la cierra
la oscura hija de la helada tierra,
  es gloria, es alegría
de un casto y libre pecho,
que no ha pagado pecho
a humana compañía;
allá, por las ciudades
hay mujeres que entienden voluntades.
  Aquí, seguir las fieras
por selvas enramadas,
a veces avisadas
de las aves parleras,
es el mayor contento

que puede presumir el pensamiento.
Ver bañar una siesta
a la bella Diana,
adonde planta humana
ni llega, ni molesta;
tan blanca y transparente,
que parece figura de la fuente;
y de ninfas cercada,
como Luna de estrellas,
celebra las más bellas,
después de ser de todas envidiada.
¡Qué diversa escultura
descubre sin el velo la hermosura!
Es vida más contenta
por estas soledades,
que cuantas las ciudades
que el loco vulgo aumenta
dan al entendimiento;
que amor, ¿cuándo no fue pena y tormento?

(Salen dos villanos: Julio y Anteo.)

Julio

Todo queda apercibido;
no falta sino que venga.

Anteo

Feliz monte cuando tenga
rey tan amado y querido,
que le quiere de manera,
sin haber visto su cara,
que para que me matara,
quisiera volverme fiera.
Dos veces esta mañana
salí a ver si viene ya.

Julio — Quedo, que están por acá
dos Nínfolas de Diana.

Anteo — ¿Mirarélas?

Julio — No sé, a fe;
dicen que vuelven cochinos
los hombres.

Anteo — ¡Qué desatinos!
No hacen mal, Julio.

Julio — Pues ¿qué?

Anteo — Si las van a ver desnudas,
vuelven los hombres venados,
que por eso en nuestros prados
hay tantas seguras mudas;
mas si los hombres no son
bachilleres y atrevidos,
los dejan con sus sentidos,
sin hacer transformación.

Aurora — ¡Labradores!

Anteo — ¡Santo cielo!

Aurora — ¿De qué andáis alborotados?

Anteo — Nínfolas que en estos prados
habitáis en mortal velo,
sabed que viene a cazar
hoy el Príncipe de Tebas.

Aurora	Pues, ¡tomad por esas nuevas!

Julio	¡Ay, que nos quieren tirar!

Anteo	¡Huye, Julio!

Julio	¡Corre, Anteo!

Anteo	¡Ah, borrachas!

Belisa	¡Cuáles van!

Aurora	¡Qué poco de verme dan
estos tebanos deseo!

Belisa	El Príncipe es alabado
de hermoso.

Aurora	No hay igualdad
con la hermosa libertad
de un corazón descuidado.

Belisa	Luego ¿no, le piensas ver?

Aurora	¿Yo ver hombres en mi vida?

Belisa	Desde aquí, Aurora, escondida,
¿en qué se puede ofender
nuestra señora, Diana?
Mira que en este ruido
se conoce que han venido.

Aurora	A lo que tengo de humana
piden los ojos su parte.

(Dentro.) ¡To, to! Por acá, Melampo.

Belisa De gritos se vuelve el campo
sabrosa imagen de Marte.

(Salen Céfalo y Fabio con venablos.)

Céfalo ¡Qué notables espesuras!

Fabio Nunca mayores las vi.

Belisa Escondámonos aquí
para mirarlos seguras.

Céfalo No ha tocado el Sol más claro
sus arenas plateadas.

Aurora Estas zarzas intrincadas
nos servirán de reparo.

(Escóndense.)

Céfalo ¿Dónde el Príncipe quedó?

Fabio Siguiendo va por la selva
un jabalí que al de Adonis
imitaba en la fiereza.
Yo, en viéndole los colmillos,
hice broquel de una peña;
que todo animal que muerde,
es como veneno en flecha.
También hay en la ciudad
jabalíes que penetran
honras con dientes de envidia,

de los cuales no aprovecha
guardarse el más recatado;
mas como de aquéstas pueda,
es necedad arrogante.

Céfalo

Son las domésticas fieras
las que dan más ocasión
a que los hombres las teman.
Las de esta selva son muchas:
temo que el Príncipe quiera
salir tan presto de aquí.

Fabio

Ten, señor, por cosa cierta
que saldrá presto si ama.

Céfalo

Si él amara, no viniera
a los montes, en que olvidan
los que aborrecer desean.

Fabio

¿Qué sabes tú si hay agravio
que obligarle a olvidar pueda?
Pero no se aplican bien
a la caza estas materias.
Mira dónde has de pasar
el Sol de esta ardiente siesta:
¿qué ladra el perro del cielo
a las vecinas estrellas?

Céfalo

Esta fuente, Fabio amigo,
donde encajara un poeta
esto de planta sonora,
cristal vivo, voz de perlas,
a quien hacen verde toldo
los alisos que la cercan:

como laurel de su margen
y sombra de sus arenas,
con dulcísima harmonía
es cítara de estas selvas,
adonde a versos las aves
historias de amor alternan;
ello nos llama; no es bien,
cansados, buscar por ellas
más frescura que sus aguas,
más alfombra que su hierba:
ríndete aquí.

Fabio ¡Por Apolo,
que presumo que durmiera,
no digo al son desta fuente,
que parece que se queja,
pero en un trillo por cama,
y por algodón sus piedras.
Aquí mi venablo arrimo.

Céfalo Aura, mis ojos refresca.

Fabio ¿Quién es Aura?

Céfalo El viento manso
que por estas hojas suena.

(En echándose, salgan Aurora y Belisa.)

Belisa ¿Qué te parece?

Aurora No he visto,
Belisa, mayor belleza:
¿es posible que son tales

todos los hombres de Tebas?

Belisa

Si del primero que has visto
te agradas desta manera,
¿para qué, de amor burlando,
mostrabas tanta aspereza?

Aurora

¿No has visto hablar de la mar
los que no han entrado en ella?
¿No has visto la valentía
de quien nunca vio la guerra?
Pues así yo blasonaba
de las hondas y armas fieras,
hasta que vi sus peligros
y conocí sus tormentas:
por cierto, el hombre es gallardo;
presumo que si le viera
la misma casta Diana...

Belisa

Tente, Aurora, no lo sepa.

Aurora

Ahora bien, voyme de aquí
antes que el hombre nos sienta;
pero no, vuelve; ¿qué importa
cuando nos hable y nos vea?
Pero ¿soy yo la que digo,
Belisa, cosas como éstas?

Belisa

Déjame mirar a mí
el que, con menos nobleza,
acompaña al que tú miras.

Aurora

Mírale presto, y no seas
causa que despierte acaso.

Belisa
¡Buena traza!

Aurora
Pues si es buena,
para él será lo mejor.
¡Huye!

Belisa
Vamos.

Aurora
Pero espera;
que, aunque es gran diosa Diana,
dicen que es más fuerte que ella
Venus, y que le ha mandado
que sus secretos no entienda
Júpiter, porque el amor
todas las cosas aumenta,
y no quiere que los dioses
puedan impedir que crezcan.
Volvamos a ver el hombre.

Belisa
Como pájaro, te enreda.
mientras más piensas que huyes,
la liga de su belleza.

Aurora
¿Cómo le podré yo hablar?

Belisa
No podrás si no despierta.

Aurora
Pues ¿cómo haremos ruido?

Belisa
Finjamos algunas quejas.

Aurora
¡Ay, qué terrible león!
¡Valedme Venus, Minerva,

Palas!

Belisa
¡No hay quién nos socorra!

Céfalo
Fabio, ¿qué voces son éstas?

Fabio
Toma, señor, tu venablo.

Aurora
¡Por Marte que nos defiendas,
mancebo, en tus fuertes brazos
de la furia de esta fiera!

Céfalo
¿Por dónde va?

Aurora
¿Qué virtud
tienes, señor, contra ellas,
que en viéndote huyó?

Fabio
Las ramas
por aquella parte suenan.

Aurora
¡Yo me desmayo!

Céfalo
¡Hola, Fabio!
¡Agua!

Fabio
De allí se despeña
una ninfa de cristal.

Céfalo
Señora, ¿tanta flaqueza,
siendo de estas selvas ninfa,
siendo cielo de esta tierra?

Aurora
Ya estoy en mí.

Fabio

Pues el agua
algún ninfo se la beba;
que en las selvas es el vino
elemento de más fuerza.

Céfalo

Vos os desmayáis de ver
las fieras; mayor flaqueza
es el desmayarse un hombre
mirando las rosas bellas.

Aurora

¿Quién sois, señor?

Céfalo

He venido
con el Príncipe de Tebas
a estos bosques a cazar;
perdíme esta ardiente siesta
de los demás caballeros.

Aurora

Vuestro disgusto me pesa;
pero porque este favor
(aunque para tanta deuda,
si bien con gran voluntad,
será la paga pequeña)
agradecer pueda en algo,
venid donde daros pueda
en que podáis descansar.

Céfalo

Transformándome en estrella,
fuera a gozar de ese cielo;
mas, ¿cómo tanta bajeza
ocupará tal lugar?

Aurora

Esa humildad fuera buena

en otros merecimientos,
mas no en la nobleza vuestra,
que bien se ve en vuestro rostro.
Detrás de aquesta arboleda,
adonde están más casados
los álamos y las yedras,
yace un palacio en que vive,
a cuya vistosa puerta
forman linteles y jambas
las enramadas cabezas
de ciervos de aquestos montes,
y las forcejudas testas
de jabalíes y osos;
porque sirve su fiereza
de rústica arquitectura.
Vamos; estaréis en ella
hasta que decline el Sol
y el Occidente se vea
vestido de azules nubes.

Céfalo — Ya es fuerza que os obedezca,
porque, como a las deidades
que estas montañas respetan,
os tengo en veneración.

Aurora — Yo agradezco la obediencia.
¿El nombre?

Céfalo — Céfalo es;
¿y el vuestro?

Céfalo — No tengan
más bella aurora mis ojos
siempre que el cielo amanezca.

Fabio — ¿Y yo tengo de ir allá?

Belisa — Pues ¿no ve que si se queda
le harán aquí mil pedazos
de aqueste monte las fieras,
y que hay en estos sagrados
bosques figuras diversas
de sátiros y de faunos?

Fabio — ¡Por Dios, mala gente es esa!

Belisa — ¿Cómo es su nombre?

Fabio — Mi nombre
por una parte comienza
de la música.

Belisa — ¿Es el ut?

Fabio — No es el ut.

Belisa — ¿El re?

Fabio — No acierta.

Belisa — Apostaré que es el mi.

Fabio — Pase adelante dos letras.

Belisa — ¿Es el fa?

Fabio — Fabio me llamo.

Belisa
Humor gastas.

Fabio
Bien quisiera:
¿cómo se llama?

Belisa
Belisa
porque no se desvanezca.

Fabio
¿Belisa de golpe?

Belisa
Sí.
Y sígame, por que tenga
menos calor, hasta tanto
que el Sol antípoda sea.

Fabio
Pienso que vamos vendidos;
que nunca los hombres llevan
más peligro que tratando
con mujeres bachilleras.

(Salen el Príncipe Doristeo y Perseo, de noche.)

Doristeo
Noche de amor, amparo, norte y guía,
secretaria de todos sus secretos,
muda enemiga del parlero día,
madre de pensamientos y concetos;
de celos y de honor secreta espía,
indiferente a necios y a discretos;
en fin, noche que callas cuando mira
el cielo con más ojos tu mentira.
Mientras que la verdad de la mañana
descubre engaños, y en el campo flores,
y en estrados de raso azul y grana
sale a juzgar el Sol causas mayores,

permite que en otra alba soberana
sin celos amanezcan mis amores;
pues no le faltará blando rocío,
quinta esencia de amor, al fuego mío.
Dejo los montes, y dejando en ellos
también mis celos, vengo a ver tus puertas,
hermosa Floris, que a tus ojos bellos
traigo una vida entre esperanzas muertas
recoge, si salieres, tus cabellos,
si tanto amor los mereciere abiertos;
que si piensa la noche que es el día,
en Tebas se sabrá la pasión mía.

Perseo

Si tuviera tu amor, y si tuviera,
Príncipe, tu poder, yo me arrojara
donde la fuerza más lugar mediera,
y de penas injustas me excusara;
Júpiter por ejemplo me sirviera,
y en lluvia de oro por la torre entrara;
que por su gusto un Príncipe mancebo,
¿por qué no puede ser Júpiter nuevo?
Ven con armas aquí, rompe, derriba,
pues ya en el campo su marido ausente,
ninguna cosa de gozar te priva
la hermosura de Floris.

Doristeo

Necio, tente,
y nunca amor permita que se escriba
de un hombre como yo que fui insolente;
porque los altos poderosos dueños,
el espejo han de ser de los pequeños:
pues ¿cuál entendimiento enamorado
brazos buscó sin ser correspondido?
¿A quién pudo mover un rostro airado,

de forzadas colores encendido?
Quieren gustos de amor un mismo agrado,
un mismo sentimiento consentido;
porque en disgustos pretender contentos,
es tañer, sin templar, dos instrumentos:
llama, Perseo, y déjame que intente
el olvido primero de su esposo.

Perseo — Ya he llamado, y responden tibiamente.

Doristeo — Llama con voces de mi amor celoso.

(Elisa en alto.)

Elisa — ¿Quién llama a tales horas?

Doristeo — Ya el Oriente
abrió la puerta a Febo luminoso;
di, Elisa, que es el Príncipe de Tebas,
bien triste de traer tan tristes nuevas.

(Floris en alto.)

Floris — ¿Qué es esto, gran señor?

Doristeo — Mandad, señora,
que abran la puerta.

Floris — No será posible
Céfalo ausente.

Doristeo — Bien podéis agora;
yo soy quien soy.

Floris Yo soy un imposible.

Doristeo La cortesía que valor desdora,
¿dónde vive el honor tan invencible?

Floris ¿Qué me podéis querer mi dueño ausente?

Doristeo ¿Téngolo de decir públicamente?

Floris Pues cosa que no puede ser tan clara
yo no la escucharé.

Doristeo ¡Brava aspereza!
¿Pensáis que os tengo amor?

Floris ¿Quién tal pensara?

Doristeo Bien pudiera por vos tanta belleza.

Floris Los criados no es gente que repara
en la seguridad ni en la nobleza;
los que saben que son siempre testigos,
los llaman los primeros enemigos;
pero ¿que puede ser que no se pueda
decir menos que abriendo a tales horas?

Doristeo Quisiera yo, pues a mi cuenta queda,
darte consuelos de dolor que ignoras:
tu gran lealtad mañana me conceda,
si aquesta noche tu marido lloras,
que te venga a decir de qué manera
murió en el monte a manos de una fiera.

Floris ¡Ay! mísera de mí, no me engañaba

el alma en tanto mal!

Perseo — Quitóse, o creo
que cayó de la reja donde estaba;
pero ¿qué es lo que intenta tu deseo?

Doristeo — Que le olvide no más.

Perseo — ¿Y si no acaba
de olvidarle jamás?

Doristeo — Mira, Perseo:
si un vivo ausente lo que ves padece,
el que no ha de volver, ¿qué se merece?

Perseo — Pues, ¿él no volverá?

Doristeo — No, que yo tengo
ordenado a Tancredo y a Lidoro
que le detenga, sin decir que vengo
a la ciudad y a ver el Sol que adoro.
iré y vendré, si a Céfalo entretengo,
guardando a su nobleza igual decoro.

Perseo — Terribles voces dan.

Doristeo — Ven, no me espanto;
la nueva es falsa y verdadero el llanto.

(Salen Fabio y Belisa.)

Fabio — Si algún amor me has debido,
que más es que algún amor,
di, ¿qué laberinto ha sido

este de tanto rigor,
Belisa, en que estoy metido?
¿En qué palacio encantado.
si bien es tan regalado,
mi señor y yo vivimos,
si por una hora venimos
y un siglo habemos estado?

Belisa
¿Un siglo te ha parecido?

Fabio
Con las cosas que aquí veo
estoy tan desvanecido,
que he pensado, y aun lo creo,
que há mil que habemos venido.
Todo es salas y aposentos,
dorados los pavimentos,
y los techos de cristal,
con pintura celestial
en paredes y cimientos;
todo es camas de labores
extrañas, ricos estrados,
donde parecen, con flores
varias, pedazos de prados
las alfombras de colores:
todo es jardines y fuentes,
cuyas sonoras corrientes
caminan sendas de arena,
con larga espaciosa vena,
por mil cuadros diferentes.
Y componen sus labores
flores de tales colores
y con tanta actividad,
que parece que es verdad
que hay elemento de flores,

tanta flor, tanta violeta,
cristales y oro verás,
plata y perla tan perfeta,
que no es posible haber más
en la frente de un poeta.
¿Qué es esto, Belisa?

Belisa
Fabio,
el tebano, tu señor,
es gallardo, es fuerte, es sabio;
los que merecen amor,
también merecen agravio.
Nunca verás hombre feo,
necio e indigno, querido;
el ser tal movió el deseo
de Aurora; la Aurora ha sido
digna de su hermoso empleo.
El palacio es del Aurora,
ninfa que el Sol enamora
y que, amándola, porfía
a seguirla cada día,
y con sus rayos la dora
Ella, aunque cada mañana
lo espera en camas de grana,
de diamantes y zafiros,
da por Céfalo suspiros,
aunque es hermosura humana.
¿Ves las perlas y el cristal
que llueve el cielo al Aurora?
Pues es, con ser desigual,
que por su Céfalo llora
y que a su Sol quiere mal.
Ella le tiene encantado
y de la caza olvidado,

dándole favor Diana.

Fabio

Si Diana fue liviana,
el mundo vive engañado;
casta por nombre tenía,
aunque cierto tropezón
me dicen que tuvo un día
con aquel Endimión
que en sus menguantes dormía.
¡Oh, cuántas, con ser tan diosas,
tienen flaquezas humanas!

Belisa

Fabio, en todas estas cosas
calla; que las lenguas vanas
nunca fueron provechosas.
Mira que es santo el callar
y que, en llegando a contar
a tu dueño lo que digo,
te ha de venir el castigo
en este mismo lugar.

Fabio

Temblando estoy; no he topado,
Belisa mía, en los días
que en este palacio he estado,
sino sátiras y arpías
que en su lengua me han hablado.
No sé por dónde me trujo
a este monte mi fortuna;
que si a tratar me redujo,
Belisa, gente cabruna,
yo he de salir mono o brujo.

Belisa

Calla; mira que el hablar
llaman veneno los sabios,

que a muchos suele matar.

Fabio

Yo me coseré los labios;
pero déjame quejar.

(Salen Céfalo y Aurora.)

Aurora

No me puedo detener,
Diana a llamar me envía.

Céfalo

No es posible que me quieras,
pues ausentarte porfías.
Ya que de mi propio ser,
hermosa Aurora, me olvidas,
no me dejes; que de celos,
la vida, el gusto me quitas.
¿Antes que el cielo amanezca
de mi lado te desvías?
¿Dónde, Aurora, te levantas?
¿Cómo, señora, no miras
que el mayor gusto de un hombre
que adora mujer o amiga,
es, en abriendo los ojos,
decirle: «Amor, buenos días»;
mirar cómo abre los suyos,
y le mira, vuelta en risa
la bella boca, y le dice:
«Buenos los tengas, mi vida»
Tú, con irte de mis brazos,
de tan alto bien me privas;
¿dónde vas tantas mañanas
destocada y mal vestida?
Vuelvo a verte, y no te hallo;
lloro de amor y de envidia

del dichoso que te lleva.

Aurora

¡Que engañada celosía!
¿No ves que, si me estuviese
entre tus brazos dormida,
siendo el Aurora, que el Sol
a la tierra no saldría?
Yo voy por él, y a correr
de su cama las cortinas,
para que el mundo amanezca,
que ¡por tu vida y la mía!
que las perlas, que las flores,
beben cuando ya se libran
de la prisión de la noche,
en que estuvieron marchitas;
son lágrimas que me debes.

Fabio

¡Qué mal hace quien camina!
pobre Sol, que con ser Sol,
solo porque cada día
anda en estas ocasiones,
cervales rayos le crían.

Aurora

Déjame, mi bien, pues sabes
la verdad; que con más prisa
que voy volveré a tus brazos.

Céfalo

Parte, y déjame sin vida.

Aurora

Ven, Belisa, que ha media hora
que la noche fugitiva
se atreve al Sol por mi causa.

Belisa

Siguiéndote voy.

Aurora
Camina.

Céfalo
¿Qué es esto, Fabio?

Fabio
Ay, señor!
Desdichas tuyas y mías;
aquí estamos encantados.

Céfalo
¿Qué dices?

Fabio
Pues ¿no imaginas
que te han quitado el amor
de tu esposa y tu familia?

Céfalo
¿De qué lo sabes?

Fabio
Aquí
me lo ha contado Belisa.

Céfalo
Encantado estoy.

Fabio
Señor,
advierte que Aurora es ninfa
de Diana, y le ha pedido
favor.

Céfalo
Todo eso es mentira,
porque la casta Diana
no trae en su compañía
ninfas que con hombres duerman.

Fabio
Si a Diana llaman trina,
será casta cuando es Luna;

la Luna es húmeda y cría,
mas en la tierra es Diana,
y en el centro Proserpina:
tales vemos las mujeres,
que por la nobleza altivas,
en la condición son flacas.

Céfalo — Pues déjame que la siga,
pues he de ver si el Sol sale
como ella dice.

(Vase Céfalo.)

Fabio — No pidas
desengaños a los celos,
que ejecutan más que fían;
él va mirando las nubes,
que es natural fantasía
de hombre que ama. ¿Qué es aquesto?
Abrió la tierra una mina;
parece que pare un hombre.
(Toquen una caja.) Con los dolores suspira:
¡muerto soy! ¡Qué gran gigante!

(Salga un Gigante por un hueco del teatro.)

Gigante — Hombre que en Tebas habitas,
¿sabes dónde estás?

Fabio — Señor,
no ha mucho que lo, sabía;
ya he perdido la memoria.

Gigante — Cuando a un parlero le avisan

de que no diga un secreto
y la palabra le obliga,
¿qué espera el tal hablador,
y más cuando es la ofendida
persona tan principal?

Fabio

Señor, si en toda mi vida
dijere cosa que vea,
aun de personas indignas,
que me entierren donde estás;
súbase la tiranía
adonde le diere gusto;
ande el poder homicida
quitando vidas sin causa;
las letras desnudas vivan;
pida por Dios el ingenio,
y la necedad se vista
telas de Persia, y esconda
el oro de las dos Indias;
haya estrellas en la arena,
y cardos en donde habitan
los dioses; el más cobarde
se asiente en la esfera quinta,
y el más valiente a sus pies;
hable la lisonja y sirva;
den palos a la verdad
y premios a la mentira;
pueda el que tiene dineros,
y el que no, pueda desdichas;
que no hablaré más palabra.

Gigante

Jura en el cetro que miras
del gran dios Demogorgón.

Fabio

Señor Gorgón, si en mi vida
dijere cosa que vea,
hagan los dioses salchichas
de este cuerpo desdichado.

Gigante

Tú verás si te castigan.

(Métase por donde salió.)

Fabio

¡Lo que ha menester saber
un hombre para que viva!
Finalmente, no hay que hablar
si se cae el cielo encima:
el que es discreto, silencio,
y ande lo de abajo arriba;
que si muere en pie el conejo,
es no más de porque chilla.

Fin de la primera jornada

Jornada segunda

(Salen el Príncipe Doristeo y Perseo.)

Doristeo
Notables cosas hace la fortuna,
si a la fortuna se ha de dar la causa.

Perseo
La nueva fue fingida, y vez alguna
pronostica verdad.

Doristeo
¿De qué se causa?

Perseo
Si el alma con avisos importuna,
y no le ponen accidentes pausa,
por lo que participa de divina,
a pretender remedio el dueño inclina.

Doristeo
Dije a la bella Floris que quedaba
su esposo muerto a manos de una fiera
cuando con más salud solicitaba
la caza por el monte y la ribera;
y aunque mi amor (fingiendo) la engañaba,
la mentira salió tan verdadera
que ha un año y más que Céfalo, perdido,
pasó las aguas del eterno olvido.
Mas otro tanto tiempo mi esperanza
padece su crueldad, sin ser posible
entrar en su firmeza la mudanza.
¡Oh, gran lealtad, mas condición terrible!
¡Qué falsa fue, Perseo, mi esperanza!
Porque dura montaña inaccesible,
del peñasco de Sísifo cargado,
llevo en los hombros mi mortal cuidado.
Sale la noche y cubre los mortales

de sueño y de temor, y yo despierto
a idolatrar de Floris los umbrales,
y parezco dormido en estar muerto.
Sale de los palacios orientales
la fresca Aurora, envuelta en velo incierto,
y hallándome a su puerta, al Sol avisa
que para ver mi amor se dé más prisa.
  Sale el dorado Sol; no sale a verme,
sino para que venga a retirarme
de acción tan loca; en tanto Floris duerme
descuidada de verme y remediarme.
¿De qué esperanzas puedo yo valerme,
o qué mayor crueldad desengañarme?
Yo, en tanta confusión, morir me veo
si no muere primero mi deseo.

Perseo — Tratemos, si a tu Alteza le parece,
casar a Floris.

Doristeo — Si a un marido muerto
guarda la fe que a su memoria ofrece,
con el vivo su amor será más cierto.

Perseo — Si el marido, señor, su fe merece,
será sin duda pensamiento incierto;
pero siendo el marido de tu mano,
no podrá ser tu pensamiento vano.

Doristeo — Luego ¿ha de ser fingido el casamiento?

Perseo — Y de manera que la noche propia
ocupes su lugar.

Doristeo — Sabrá mi intento,

y para mi opinión es cosa impropia.

Perseo
Yo quiero, pues te he dado el pensamiento
de alguna historia verdadera copia,
ser su fingido esposo.

Doristeo
Agora veo
tu fe, tu amor y tu lealtad, Perseo.
Ejecuta la industria más discreta
que ha visto el ciego amor, y reina luego;
que no hay otra esperanza que prometa
fin a mis penas y a mi amor sosiego.

Perseo
¿Llamo?

Doristeo
Bien puedes.

Perseo
Si la boda aceta
la bella Floris, en amor tan ciego
no espere Doristeo de este engaño
hallar provecho, porque soy su daño.

(Salen Floris y Elisa.)

Elisa
A mucho, Floris, te atreves.

Floris
No puedo ser descortés.

Doristeo
Ya mueve en los blancos pies
dos cristales y dos nieves.

Perseo
Siempre los que amáis pensáis
desatinos semejantes.

Doristeo
En estrellas de diamantes
de a cinco rayos andáis.

Perseo
¡Que esto no entienda mi amor,
enfermo del mismo mal!

Doristeo
Hermosura celestial,
de hablaros tengo temor.

Floris
No le tenga Vuestra Alteza
de quien a sus pies está.

Doristeo
Quedo, que se correrá
la misma naturaleza;
no os hizo a vos, para ser
humilde a ninguna cosa,
mortal; antes como a diosa
os tengo de obedecer.
Días ha que no salís,
días ha que nadie os ve;
ya, Floris, pasó, ya fue
lo que lloráis y sentís.
Tiempo es ya de descansar
de penas que no agradecen
los muertos, ni las merecen,
pues no las han de pagar.
Diréis que aboga por mí
mi amoroso pensamiento;
ya, Floris, es otro intento
con el que he venido aquí.
Que, viendo vuestra firmeza,
mudé amor por no querer
contra violencia vencer
tan desdeñosa belleza;

y ya solo vive en mí
la opinión de vuestro honor;
que si la ofendió mi amor,
no se ha de quedar ansí.
¡Vive Júpiter sagrado
que os he de restituir
cuanto se puede mentir
de un poderoso cuidado!
Yo os he casado; mirad
si deseo vuestro honor;
Perseo os tenía amor
por gusto de mi amistad:
bien os empleáis en él;
yo quiero ser el padrino.

Floris
Por cierto que os imagino
cruel conmigo y con él:
conmigo, pues intentáis
quitarme tan justa pena;
y con él, pues de amor llena
el alma, a otro amor me dais.
Porque si habéis intentado
quitarme a un amigo esposo,
¿qué habéis de hacer, poderoso,
sino quitarme a un criado?
¿Es éste acaso el intento
con que habéis venido aquí?
¿Concertáis los dos ansí
este injusto casamiento?
Pues cuando fuérades vos,
que no digo yo Perseo,
os igualara el deseo,
y el mismo amor de los dos.
Yo fui de Céfalo; yo

soy de Céfalo, y seré
de Céfalo, que esta fe
no murió cuando él murió.
Ella vive, y vive en mí
Céfalo, ni ha de tener
otro dueño a quien querer
alma que una vez rendí.
No soy yo de las mujeres
que piensan más de una vez,
y vos mismo sois juez
en amorosos placeres.
Aquella que allí pasó,
pasa en la memoria en mí;
si a Céfalo dije sí,
diré a todo el mundo no.

Doristeo

Floris, no es esto lealtad,
mas causa engendra este efeto;
¡por mi vida, que hay secreto
que engaña con la verdad!
Y perdonad que, cansado
de tan necia resistencia,
no remito a vuestra ausencia
lo que de vos he pensado.
Aquí hay oculta persona
que en secreto os entretiene;
yo sabré por dónde viene,
quién le ayuda y quién le abona,
aunque, si acaso es criado,
tendrá más dificultad.

Floris

Respetar la majestad
a escucharos me ha obligado;
pero ¡quién pensar pudiera

que, contra mi honestidad,
tan injusta libertad
en vuestro valor cupiera!
  En viendo que una mujer
se conserva sola y casta,
y que el interés no basta
para poderla vencer,
  luego decís que hay secreto
de criado o de galán,
o que por ventura están
con miedo de algún defeto.
  Decís que por encubrir
faltas secretas son buenas,
por ver si con estas penas
se quisiesen descubrir.
  Cansadas tretas, ¡por Dios!,
para probar la firmeza,
e indignas de la nobleza
de un Príncipe como vos.
  Y para no proceder
adelante en enojaros,
porque quiero perdonaros
y no me quiero ofender,
  dadme licencia...

Doristeo — Esperad.

Floris — No puedo escuchar agravios;
demás que los reyes sabios
siempre honraron la verdad.

(Vase.)

Doristeo — Oye, Elisa.

Elisa — Yo, ¿qué puedo?

Doristeo — Dile a esa cruel que soy
el Príncipe, y di que estoy
tal que a mí me tengo miedo.

Elisa — Vos haréis como señor,
estimando la lealtad
de esta mujer.

(Vase.)

Doristeo — Perdonad,
obligaciones de honor,
que voy a hacer desatinos.

Perseo — ¡Terrible crueldad!

Doristeo — De suerte
que solicita mi muerte
su honor con rayos divinos;
mas yo he de hacer, o perderme,
que antes que ella pueda hacer
que me canse de querer,
se canse de aborrecerme.

(Salen Céfalo y Fabio.)

Céfalo — ¿Qué dices, Fabio? ¿Es posible
que ha un año que estoy aquí?

Fabio — Digo mil veces que sí.

Céfalo

Fabio, parece imposible.

Fabio

Dos veces en el Carnero
que pinta la astrología
he visto el Sol desde el día
que aquí llegamos.

Céfalo

¿Qué espero,
sino que eterna prisión
sepulte, Fabio, mis años?

Fabio

La causa de estos engaños
amores y hechizos son.

Céfalo

¿Aurora hechicera?

Fabio

Sí.

Céfalo

Pues tan hermosa, ¿se vale
de otras cosas?

Fabio

No te sale
del alma el amor a ti.
Y cuando alguna mujer
que pagan su amor no alcanza,
o por gusto, o por venganza,
de esto se suele valer;
si suspiras, si estás triste,
¿qué te espanta?

Céfalo

¿Cómo puedo
dejar de sentir, si quedo
sin el cielo en que me viste?

Fabio

No me atrevo muchas veces,
Céfalo, a desengañarte;
que tengo para avisarte
muchos ojos por jueces.
La noche que te advertí
de cosas que no sabías,
y falté más de seis días,
¿adónde piensas que fui?

Céfalo

¿Dónde estuviste?

Fabio

No sé
si era monte o si era prado;
que en jumento transformado,
de hierbas me sustenté.
No sabía la ocasión,
y un día una fuente clara
me mostró la indigna cara
de un animal de razón.
Y aunque me vi, ni por sueños
del agua me enamoré,
puesto, Céfalo, que sé
que hay Narcisos borriqueños.
Acordéme de que había
algunos hombres ansí,
que enamorados de sí,
se miraban cada día.
Cuando vi las dos orejas
y aquella nariz bestial,
el hocico desigual,
hundidos ojos y cejas,
saqué del alma dos graves
suspiros; mas tales fueron,
que como de un trueno huyeron

de todo el bosque las aves.
En fin, con el negro hocico
la clara fuente enturbié,
pues causa de verme fue
en figura de borrico.
Y fui diciendo entre mí:
«Quien se ve de esta manera,
¿cómo es posible que quiera
enamorarse de sí?»

(Entran Belisa y Aurora.)

Aurora Con este disgusto vivo.

Belisa ¿Tan triste Céfalo está?

Aurora Tanto, Belisa, que ya
de mi propio amor me privo.

Belisa ¿De qué nace su tristeza?

Aurora De algún amor que ha dejado.

Belisa ¿En un año no ha borrado
cualquier amor tu belleza?
¡Hombre firme!

Aurora En esta fuente
dos rayas quisiera hacer:
una, de que haya mujer
que quiera tan neciamente.
Y otra, de que al fin de un año,
con una mujer hermosa,
se le acuerde de otra cosa

a un hombre firme en su engaño.

Céfalo

¿Cómo nos podremos ir
sin que lo supiese Aurora?

Fabio

Es tan gran madrugadora,
que nos ha de ver huir.
Temo estas selvas, que están
llenas de sombras y miedos,
de laberintos y enredos,
y de respuestas que dan.
Allí asoma un elefante,
allí una mona, allí un oso.
salta un sátiro peloso,
y un fauno medio gigante.
No sé qué habemos de hacer.

Aurora

Céfalo mío, ¿qué es esto?

Céfalo

¡Oh bella Aurora! ¡Oh mi bien!
Cortina hermosa del cielo,
primero estrado del Sol,
arco de su luz primero,
peine de marfil, con quien
compone el rubio cabello.
No en vano los verdes prados
de improviso florecieron,
perlas bordaron las aguas
de estos limpios arroyuelos.
No en vano las libres aves
iban alternando versos
de sauce en sauce, de flor
en flor, con tan dulces ecos.
¿Cómo te has tardado tanto

con el Sol? ¡Muero de celos!
¿Qué te ha dicho de los hombres
a nuestras plantas opuestos?
Ya me mataba de verte
aquel ardiente deseo
con que te adoró mi vida.

Aurora

Pon a tu lengua silencio,
tebano infame, y advierte
que las deidades sabemos,
no solo vuestros engaños,
vuestros mismos pensamientos.
¿Qué mujer en hombre fía
si sé que te vas huyendo,
si ese día que lo intentas
me dices falsos requiebros?
Dime toda la verdad;
que por fuerza no te quiero
si fueras el mismo Apolo.

Céfalo

Aurora, tu ofensa temo;
no te espantes que los hombres
aquellas prendas amemos
que nos dieron igualmente
en matrimonio los cielos.
Señora, yo soy casado
en Tebas, y te prometo
que es digna Floris, mi esposa,
del grande amor que la tengo;
junto los dos nos criamos,
y amor de suerte en dos pechos,
que vino a ser una el alma
y uno mismo el pensamiento.
Era yo recién casado,

y de los brazos el tiempo
tan poco, que aún no llegamos
a perdernos el respeto.
Dábale a Júpiter gracias
de ver, en amaneciendo,
a mi lado abrir los ojos
ángel tan hermoso y bello,
una imagen de marfil,
una tan perfecta Venus,
que me mataba la envidia,
si supiera mis secretos,
cuando el Príncipe de Tebas,
cuando el galán Doristeo,
me manda que le acompañe
a esta caza, en que durmiendo
me viste, divina Aurora,
y donde ha un año que duermo;
que no puede tanto olvido
ser menos que eterno sueño.
Dióme de mi loco engaño
aviso Fabio.

Fabio ¿Qué has hecho,
qué has dicho?

Céfalo Y fui poco a poco
mi desdicha conociendo.

Fabio Hoy me matan, hoy me chupan
brujos, jimios y camellos;
ya no saldremos de aquí.

Céfalo Con esto, Aurora, muriendo
de celos de la hermosura

de Floris, no estoy contento
con tus regalos y gustos;
que si hay honor de por medio,
no creas que hay hombre alegre
con cuanto bien tiene el suelo.
Es sola, es moza, es hermosa:
tiene gallardos mancebos
Tebas, y tan atrevidos,
que a nadie guardan respeto.
Pero aunque me mate aquí
mi celoso pensamiento,
la obligación de mi honor,
y el ansia de mis deseos,
no saldré de aquesta selva
ni de tu obediencia, haciendo,
de servirte y adorarte,
de nuevo mil juramentos;
porque viendo...

Aurora — No prosigas.

Céfalo — Señora...

Aurora — Basta, no quiero
tus palabras ni tus obras.
Ya, Céfalo, te aborrezco;
porque no hay mujer tan vil,
ni de tan bajo sujeto,
que quiera un hombre forzado.
Vete de mis ojos luego;
que a fe que te ha de pesar.

Céfalo — Aurora, si te merezco
por un año de tus brazos

que me escuches, oye.

Aurora — Necio,
vete, pues vas por tu mal.

(Váyase Aurora.)

Fabio — Belisa, ¿qué culpa tengo
del desamor de mi amo?

Belisa — ¡Cómo no, si tus consejos
han sido causa de todo!

Fabio — ¡Plega a Júpiter inmenso,
que si yo...

Belisa — ¡Ya es tarde, infame!
Presto verás...

Fabio — ¿Qué tan presto?

Belisa — Que te han de sacar los ojos
mil mochuelos.

Fabio — ¡Mil mochuelos!

(Váyase Belisa.)

Céfalo — ¿Que haré ¡triste de mí! que dice Aurora
que por mi mal veré mi esposa amada
si fue a mi honor y a su valor traidora?

Fabio — No digas tal, que Aurora habló enojada.

Céfalo — Ya parte a verla el alma que la adora,
mas con vergüenza y con razón turbada
de ver que la ofendí.

Fabio — No la ofendiste,
pues que forzado y engañado fuiste.

Céfalo — Un año habrá que falto, y de manera
estoy trocado que fingirme quiero
un hombre extraño.

Fabio — ¡Bárbara quimera!

Céfalo — Probaré con amor y con dinero
a conquistar su fe.

Fabio — Cuando te quiera,
¿que discreción será?

Céfalo — Saber espero,
por lo que hará conmigo, lo que ha hecho
conociendo su falso o firme pecho.

Fabio — No lo aconsejo.

Céfalo — Celos, dicen, Fabio,
y la ocasión que dio mi larga ausencia,
con lo que Aurora dice que a mi agravio
ni amor ni honor han hecho resistencia:
a ver mi muerte voy.

Fabio — No hay hombre sabio
como ha probado en tantos la experiencia,
que haya probado ni mujer ni espada,

que a bien librar ha de quedar probada.

(Salen.)

(Salen Floris, Elisa y Fineo.)

Fineo — Tu padre tiene este gusto,
y estas memorias me dio.

Floris — Si al Príncipe respondió
mi lealtad con tal disgusto,
y queriendo que Perseo,
su más privado, y amigo,
se desposase conmigo,
¿qué me persigues, Fineo?

Fineo — ¿Piensas en tan verde edad
conservarte de esta suerte?
¿No has de salir, no han de verte?
¿Todo ha de ser soledad?
¿No estará mejor guardado
tu honor de un mancebo hermoso,
que no sujeto al ocioso
vulgo, siempre desbocado?
¿Qué podrá decir de ti,
si hermosura y soledad
nunca hicieron amistad?

Floris — Soledad, sola, ¡ay de mí!
Mas no digas que te envía
mi padre, porque sospecho
que el Príncipe...

Fineo — Mal has hecho

en dudar de la fe mía;
si hablé al Príncipe jamás,
Júpiter permita...

Floris — Tente;
muestra los papeles.

Fineo — Tente
vida los cielos.

Floris — ¿Hay más?

(Lea.) — «Alexandro, natural de Corinto, caballero ilustre,
es de diez y ocho años, hermoso y rico.»

Fineo — ¿Son buenas partes?

Floris — Famosas;
pero son diez y ocho años,
para marido, muy pocos;
porque, como no han gozado,
del mundo, quieren saber
qué otros gustos, qué otros brazos
tienen diversas mujeres;
y así, tengo por gran daño
que el marido sea tan mozo.
Con tu licencia, le rasgo.

Fineo — Lee aquéste, que sospecho
que te agrade.

Floris — Si me agrado,
te doy palabra de ser
suya.

Fineo
A los méritos salgo.

Floris (Lea.)
«Lisardo, mancebo noble, de talle y costumbres,
rizado de cabello, y cuidadoso de sus galas,
de lindas manos y...»

Aquí me quedo, en la y,
¿éste me alababas tanto?

Fineo
Pues ¿fue más bello Narciso?

Floris
Talle y costumbres alabo;
lo rizado del cabello
no me agrada, que es mal caso
que nos estemos los dos
por la mañana rizando;
porque, si entran a saber
qué mandamos los criados,
no sabrán quién de los dos...
Mas basta, no lo digamos.

Fineo
¿Cómo ha de ser un mancebo?

Floris
Un mancebo sin cuidado.

Fineo
¿Sucio acaso y mal vestido?

Floris
No, sino muy bien; y ¿acaso
la limpieza y el aseo
no está en un hombre afectado,
que está más tiempo al espejo
que pide un cuello? Veamos
el que se sigue.

Fineo — Será
darte más novios cansancio.

Floris (Lea.) — «Cesarino, alto y barbinegro, de edad de cuarenta años.»

Fineo — Reparas; luego ¿te agrada?

Floris — En los cuarenta reparo;
que como mujeres y hombres
siempre los años negamos,
añado diez a cuarenta,
y así tendrá cincuenta años.

Fineo — Pues ¿cómo, si es barbinegro?

Floris — ¿Y eso juzgas por milagro?
Y de ochenta puede serlo
con un poco de cuidado.
¿Llamaron?

Fineo — Si.

Floris — Vete y vuelve.

Fineo — Voyme, el volver excusando;
que quien se quiere casar,
no mira en tantos ni en cuántos.

(Váyase Fineo.)

Floris — Vé, Elisa, y mira quién llama;
que yo no pienso querer

hombre en mi vida, ni ser
contraria a mi honesta fama.

Elisa — Voy, señora.

Floris — La que nace
como nací, se obligó
a la fe que guardo yo;
que puesto que muerto yace
mi esposo, está vivo en mí.

Elisa — A la puerta un mercader,
dice que te quiere ver.

Floris — ¿Mercader, Elisa, a mí?
Despídele; que no quiero
ver sedas, oro, ni galas;
que es dar más ojos, más alas
al pensamiento ligero.

Elisa — Parece que estás más triste
que el día que aquesta nueva
que a tantas penas te lleva
del trágico nuncio oíste.
Déjale entrar; que no sé
lo que te quiere.

Floris — No quiero.

Elisa — Advierte que es extranjero,
como en el traje se ve,
y que no aventuras nada;
por ventura, es en provecho
tuyo.

Floris
Necia estás; sospecho
que darme pena te agrada.
Di que entre.

Elisa
Entrad, caballero.

(Salen, en hábito de mercaderes, Céfalo y Fabio con una caja.)

Céfalo
Júpiter, señora, os guarde.

Floris
¡Buena persona!

Céfalo
Cobarde,
Fabio, etsoy; pero ¿qué espero?

Floris
Vos seáis muy bien venido.
¿De dónde sois?

Céfalo
Soy de Atenas.
Helada tengo en las venas
la sangre.

Fabio
Y yo estoy perdido.

Floris
¿Para qué me habéis buscado?
¿Qué es lo que os dicen de mí?

Céfalo
Hoy en el palacio oí
que os casáis o habéis casado;
tengo joyas extremadas
de todas piedras; querría
que os agradasen.

Floris — Tendría
de nuevas tan excusadas
la culpa algún cortesano
ocioso.

Céfalo — Pues ¿no es verdad?

Floris — Aquí vive la lealtad
de un muerto.

Céfalo — Es lealtad en vano;
que también decir oí
que era vuestro esposo muerto
de una fiera en un desierto.

Floris — Es verdad.

Céfalo — Pues siendo ansí,
¿por qué no os queréis casar?

Floris — Porque muerta adoro en él.

Céfalo — No sois discreta, pues ¿dél
ya qué podéis esperar?
Yo entré a venderos el oro
y piedras que traigo aquí,
y después, Floris, que os vi,
con toda el alma os adoro.
Soy, como veis extranjero,
con quien no podéis perder;
y aunque me veis mercader,
disfrazado caballero.
Porque me dejéis serviros
os quiero esta noche dar

una cintura y collar
de diamantes y zafiros
(Aparte.) (que vale diez mil ducados.)

Floris
¿A quién no hicieron pensar,
y pensando dar lugar a efectos menos honrados?
Yo, Elisa, no he respondido
por dudar el interés,
mas por ver lo mucho que es
a Céfalo parecido.
¿Has visto error, si este nombre
se debe a naturaleza,
como en la igual gentileza
de Céfalo y de este hombre?
Confieso que ha despertado
la memoria algún deseo.

Elisa
Con inclinación te veo.

Fabio
Dudosa está.

Céfalo
Si ha dudado
Floris, me ha sido traidora.

Fabio
Habla bajo, no te entienda.

Floris
No porque interés pretenda
de cuanto el indio atesora,
os respondo, caballero,
con alguna voluntad:
cuando os vais de la ciudad,
hablaros despacio quiero.

(Quítese la capa Céfalo, y diga sacando la espada:)

Céfalo
¡Ah, infame! ¡Viven los cielos,
que has de morir a mis manos!
¡No eran mis recelos vanos,
verdades eran mis celos!
¡Yo soy Céfalo, tu esposo:
vivo estoy!

Floris
¡Cielos, valedme!
¡Montes, selvas, socorredme!

(Váyanse los dos.)

Fabio
¡Tente, señor!

Céfalo
¡Soy celoso!

Fabio
¿Y tú, Elisa, hasme ofendido?

Elisa
¿Yo, Fabio? Pues ¿qué me has dado,
o cuando me has obligado
con el nombre de marido?

Fabio
Tienes, Elisa, razón;
y aunque tu marido fuera.
y de tu amor no tuviera
ni mi honor satisfacción,
no te probará jamás,
porque a la mujer más casta
solo un antojo le basta,
que es golpe en vidrio, y no hay más.

(Diana y Aurora. Diana en hábito de diosa, con arco.)

Diana
Esto me dicen de ti.

Aurora
Si verdad, señora, fuera,
o el hombre visto se hubiera,
o se conociera en mí;
si satisfacción te di
de mi castidad, Diana;
si es de Apolo la mañana,
y las tardes tuyas son,
con siniestra información
te quiere engañar Silvana.

Diana
No Silvana solamente;
Dórida, Filis, Dantea,
dicen lo mismo.

Aurora
Aunque sea
su envidia tan vil que intente
que tu gran deidad me afrente,
no debes luego creer
cosas dichas por tener
de mi privanza recelos;
porque es con envidia y celos,
áspid la mejor mujer.

Diana
Bien sé yo que las mañanas,
Aurora, estás con el Sol,
y que al primer arrebol
de sus luces soberanas,
en blancas telas y granas
le envuelves, y das al suelo;
de las tardes no recelo:
vas conmigo a las florestas;
pero ¿no hay noches, no hay siestas?

Aurora — ¿Qué cosa se encubre al cielo?
Haz mejor información,
y de tus baños me arroja
si mi término te enoja.

Diana — En fin, ¿testimonio son?

Aurora — Como a ti de Endimión,
pues, en fin, te han levantado,
Diana, que le has amado.

Diana — ¿Qué cosa en el sentenciar
la ira puede templar
como hallarse el jugo culpado?

(Floris huyendo.)

Floris — A tu soberano amparo
una tebana mujer
su vida quiere ofrecer,
falta de humano reparo.
No es, señora, el Sol más claro
que mi inocencia.

Diana — ¿Quién viene
siguiendo?

Floris — Quien no tiene
piedad.

Diana — Sosiega segura.

Floris — Matarme un traidor procura

que mi deshonra previene.

Diana

No osará llegar aquí,
o en mármol le volveré;
mil vidas le quitaré
si él solo un cabello a ti.
Todo el suceso me di
porque la verdad me obligue
que te guarde y le castigue.

Floris

Oye, señora, mi historia,
si me basta la memoria
para tanto mal.

Diana

Prosigue.

Floris

Divina Diana,
gloria de las selvas,
Luna en las celestes
regiones etéreas:
de las ninfas castas
ilustre defensa,
a quien los lascivos
sátiros respetan:
hija soy, señora,
de Ericteo y Celia;
mi primera patria,
la famosa Tebas.
En mis años tiernos,
porque apenas eran
convenientes años
para tener penas,
amé, siendo amada
de quien bien pudiera

ser amor, por niño,
de mejores flechas.
Aumentóle el tiempo;
que el amor se aumenta
con las privaciones
cuando dos desean.
Céfalo era el nombre
de mi dulce prenda,
pintura admirable
de naturaleza.
Ibamos al campo,
dándonos licencia,
a coger las flores
de la primavera.
El me coronaba
la frente con ellas;
yo, con mis collares,
la suya de perlas.
Daba el tiempo a amor
atrevidas fuerzas;
vieron nuestros padres
peligrosas muestras.
Encerrada estuve,
pero no se encierran
las almas que salen
en escritas letras.
Al fin nos casaron,
porque no vinieran
a mayores daños
privaciones necias.
Apenas un mes,
locamente ciega,
gocé de mi esposo
las caricias tiernas,

cuando Doristeo,
príncipe de Tebas,
necio amante mío,
causa de mis penas,
por aquestos montes
a caza le lleva,
y para engañarme
perdido le deja.
Díceme que es muerto;
mentirosas nuevas,
por ver si podía
vencerme con ellas;
pero a él y a muchos
hizo resistencia
limpia castidad
y casta limpieza.
No quise casarme,
puesto que pudiera
con grandes señores.
¡Qué injusta firmeza!
Pues después de un año,
con la voz diversa,
el rostro y el traje,
y diciendo que era
mercader corintio,
Céfalo me prueba
con diversas joyas
de preciosas piedras.
Yo, no porque fuese
codiciosa de ellas,
mas porque el retrato,
el rostro y presencia
de mi esposo vía,
alguna flaqueza

repartí a los ojos,
permití a la lengua;
él, sacando entonces
la espada sangrienta
de fieras del campo.
quiso hacerme fiera,
diciendo: «¡Ah, traidora!
¿Esta fe profesas?
¿Este amor me guardas?
¿Este honor respetas?»
Yo, triste, turbada,
sin hallar respuesta,
sin tener disculpa,
sin saber enmienda,
porque nunca aguardan
en desdichas ciertas
espadas desnudas,
razones compuestas,
salí de mi casa,
dándome una huerta
paso para el campo
entre unas acequias.
Viéneme siguiendo,
y entre aquellas peñas
oigo decir: «¡Floris!»
«¡Adúltera, espera!»
Nunca yo he sido;
él sí que me deja
por otra mujer
en tan larga ausencia;
mas para los hombres
no se hicieron quejas;
suyas son las culpas,
nuestras son las penas.

Diana
Lástima me ha dado oírte;
pero ya has llegado a parte
que no podrá molestarte
aunque se canse en seguirte;
que no será poderoso
si mil engaños apresta.

Aurora
¡Ay, triste! Floris, es ésta
por quien me deja su esposo,
pero ya con más consuelo
de su desdén y aspereza,
pues nunca mayor belleza
salió del pincel del cielo.

Floris
Estoy, señora, segura
de tu grandeza y piedad.

Diana
Tu inocencia y mi deidad
de su traición te asegura;
ven, y estarás en mis baños.

Aurora
Por mi mal quieren los cielos
que tengan tan fieros celos
tan hermosos desengaños.

(Salen el Príncipe, Perseo y Cazadores.)

Doristeo
Dos veces el dorado vellocino,
que a Colcos dio jardín y nombre eterno,
dorado Febo, infatigable vino,
enjugando los ojos al invierno,
desde que en este monte peregrino,
amor sin esperanza y sin gobierno,

con Céfalo a seguir las fieras y aves
me trujo solo entre cuidados graves.
  Aquí, si tienes bien en la memoria,
Perseo, este lugar, quedó engañado,
y yo volví solícito a mí gloria,
que tanta pena y confusión me ha dado.
¡Dichoso ausente, cuya nueva historia
a la fama dará mayor cuidado
que pudo de Penélope la tela!
Siendo verdad aquí, y allá cautela,
  ¿de cuál mujer se cuenta tal hazaña?
¿Qué difunto gozó de tal firmeza?

Perseo

O fue sepulcro suyo esta montaña,
o peña se volvió de su aspereza;
ninguna cosa a Floris desengaña
para que dé lugar a su belleza:
¡notable amor!

Doristeo

Merece bronce eterno
tan duro corazón, pecho tan tierno.

(Entrense y salga Fabio.)

Céfalo

  Inmensos montes, que a mis tristes quejas
de peñas me prestáis duros oídos;
hiedras del claro Apolo, verdes rejas
que dais a tantos álamos vestidos;
mar que en escollos bárbaros te quejas,
triste de ver tus campos oprimidos
de un monte vuelto en pájaro ligero,
decidle a Floris que sin ella muero.
  Arboles que escaláis las intrincadas
nubes, con verdes almas arrogantes,

por quien segunda vez miran turbadas
la guerra que intentaron los gigantes;
sonoras fuentes que corréis templadas,
salpicando las hierbas de diamantes,
formando ese arroyuelo lisonjero,
decid a Floris que sin ella muero.

Doristeo — ¿Céfalo no es aquéste? ¡Caso extraño!

Perseo — Parécelo, ¡por Júpiter!

Doristeo — ¡Ay, cielos!
Aunque en los ojos puede haber engaño,
éstas verdades son, no son recelos:
Céfalo, ¿dónde vas? ¿Quién a tal daño
redujo tu valor?

Céfalo — Celos.

Doristeo — ¿Qué celos?

Céfalo — Celos de Floris, Floris fugitiva,
que no quiere que ya con ella viva.

Doristeo — ¿El seso le han quitado?

Perseo — Así parece.

Doristeo — Pues ¿dónde está tu Floris?

Céfalo — Este monte
la esconde en su aspereza, y me enloquece
por todo aqueste bárbaro horizonte.
Si piadosa por dicha se os ofrece

antes que como Sol se me transmonte,
pasando el mar, a mis suspiros fiero,
decid a Floris que sin ella muero.
Después de un año que viví escondido
en este monte con extrañas pruebas
de mi fortuna, y de un amor fingido,
fui disfrazado a ver mi esposa a Tebas.
Engañáronme celos, y atrevido
propuse a su virtud infamias nuevas:
saqué la espada. ¡Qué rigor, ¡ay, cielos!
de lo que puede un desengaño en celos!
Huyó, seguíla, y en aquesta selva
la voy buscando, sin saber por dónde;
mas no es posible que a escucharme vuelva,
que por mas que la llamo no responde.

Doristeo

Pues, Céfalo, por más que se revuelva,
si no es que el centro de este mar la esconde,
penetraré las selvas con mi gente
antes que vuelva el Sol al Occidente.
Ea, Perseo, no ha de quedar rama.
Que no vamos contando una por una.

Perseo

Hoy a nueva esperanza amor te llama.

Doristeo

Favorecerme quiere la fortuna.

(Entre Céfalo.)

Fabio

Por este arroyo que el cristal derrama
de aquella fuente en quejas importuna,
unos pastores dicen que le vieron:
aquél parece; él es, no me mintieron.
¿Dónde vas, señor mío, de esta suerte?

Céfalo — ¡Eh, Floris de mi vida!

Fabio — ¿Yo tu vida?

Céfalo — ¡Oh, dulce causa de mi amarga muerte!
Vuelve a mis brazos, ¿dónde vas perdida?

Fabio — Que no soy Floris, sino Fabio; advierte
que estás sin seso.

Céfalo — El alma, divertida,
a la imaginación la representa.

Fabio — Pues dile al alma tú que no te mienta.

Céfalo — Fabio, busquemos a mi amada esposa,
pidámosle perdón de aquel agravio.

Fabio — Busquémosla, señor, que es justa cosa.

Céfalo — Rompe la voz en esos montes, Fabio.

Fabio — ¡Floris! ¡Ah, Floris!

Céfalo — Dile, Fabio, ¡hermosa!
Quizá responderá

Fabio — Concepto sabio,
que a hermosa no hay mujer, puesto que fea
que no responda y que es su nombre crea.
¡Floris hermosa, Floris más hermosa
que al prevenir el Sol la blanca aurora!

(Aurora entre.)

Aurora — ¿Quién llama a Aurora?

Céfalo — ¡Oh, Floris amorosa!
Céfalo, aquel que tu hermosura adora.

Aurora — Vengada estoy de ti; no soy tu esposa,
tu enemiga, villano, soy agora.

Céfalo — ¿Sabes, Aurora, de mi Floris nuevas?

Aurora — Sé que la goza el Príncipe de Tebas.

Céfalo — Espera, aguarda. ¡Ay de mí!

Fabio — ¿No ves que es venganza?

Céfalo — Espera.

Fabio — Por entre las ramas corre.

Céfalo — Daréle voces que vuelva.
(Dentro.) ¡Aurora, Aurora!

(Diga desde adentro, y siempre más lejos:)

Aurora — ¿Qué quieres?

Céfalo — Dime, Aurora, así amanezcas
clara, cristalina y limpia,
¿hablas de veras?

Aurora — De veras.

Céfalo — ¿El príncipe Doristeo
a mi Floris lleva?

Aurora — Lleva.

Fabio — Mira, señor, que es el eco
que en aquellos valles suena.

Céfalo — Déjame, Fabio, que ya
fueron ciertas mis sospechas.
¿No es verdad, hermosa Aurora,
y que ya son ciertas?

Aurora — Ciertas.

Céfalo — ¿No se va con Doristeo
Floris a Tebas?

Aurora — A Tebas.

Fabio — No porfíes, no la llames;
y porque mejor lo creas,
déjame que la pregunte:
Aurora, ¿eres necia?

Aurora — Necia.

Fabio — ¿Eres traidora?

Aurora — Traidora.

Fabio — ¿Eres vieja y fea?

Aurora Fea.

Fabio Que era fea confesó,
pero calló que era vieja,
que hasta el eco en las mujeres
la edad y los años niega.

Céfalo ¿Qué haré, Fabio?

Fabio No creer
esta celosa hechicera,
sino buscar a tu esposa.

Céfalo Prados, montes, fuentes selvas,
¿dónde está mi bella Floris?

(Floris entre con Elisa.)

Floris Que la lleve al baño, ordena
Diana, estas blancas tocas.

Elisa Y a mí estas flores y hierbas.

Floris ¿No es buena esta vida, Elisa?
¿No te hallas bien con ella?

Elisa No volviera a la ciudad
por los tesoros de Grecia.

Floris ¿Qué hará mi enemigo esposo?

Elisa Querrá dar a tu inocencia
la muerte, y por galardón
de tu lealtad y firmeza,

la infamia de que le has hecho
la no imaginada ofensa.

Céfalo — Fabio, Fabio, vuelve el rostro,
¿no es Floris, mi esposa, aquélla?

Fabio — Sí, señor, y aquélla, Elisa.

Céfalo — Floris, mi vida, no temas;
yo soy Céfalo, tu esposo,
quien te adora y te desea.

Floris — ¡Socorro, hermosa Diana!

Céfalo — No huyas, aguarda, espera.

Fabio — Aguarda, detente, Elisa.

(Las dos, huyendo, se pongan en dos tramoyas que estarán en dos partes del lienzo del vestuario, y, dando la vuelta, al abrazarlas se hallarán con dos sátiros muy feos en los brazos.)

Céfalo — ¡Ay, soberana belleza!

Fabio — ¡Ay, cielos! ¿Qué es lo que veo?

Céfalo — ¡Ay, cielos! ¿Qué bestia es ésta?

Fabio — Suéltame, por Dios, los brazos,
Belisa en demonio enjerta.

(Vuelvan a dar la vuelta y queden solos.)

Céfalo — ¿Piensas que tendré temor

aunque en mil formas te vuelvas?
Seguirte tengo.

Fabio

¡Ay de Mí!
Pero esto no es cosa nueva,
que mil vestidas mujeres,
a los que a gozarlas llegan,
si la cáscara les quitan,
se vuelven cosas más feas.

Fin de la segunda jornada

Jornada tercera

(Salen Floris y Céfalo.)

Céfalo — Escúchame desde aquí.

Floris — ¿Qué tengo ya de escucharte?

Céfalo — Los dioses, dura Anaxarte,
te vuelvan piedra por mí.

Floris — Ya te espero.

Céfalo — Escucha.

Floris — Di.

Céfalo — Sin armas, señora, estoy;
palabra a tus ojos doy,
esposa, de no ofenderte:
no voy a buscar tu muerte,
a buscar mi vida voy.

Floris — ¿Tengo yo tu vida?

Céfalo — Sí;
que está solo en escucharme.

Floris — Pues ¿cómo quieres matarme
estando tu vida en mí?

Céfalo — Si celoso te ofendí,
te adoro desengañado;
pero aunque sé que has estado

como en la mar firme roca,
quiero oírlo de tu boca
para quedar descansado.
Nunca más el alma enciende
amor porque nunca olvide,
que cuando un celoso pide
disculpas a quien le ofende.
Bien tu hermosura me entiende;
mira qué amor pudo hallar
en el alma más lugar,
ni en el honor más disculpa
que, siendo yo quien te culpa,
enseñarte a disculpar.
Discúlpate con mi amor,
juez, abogado y parte,
porque solo en disculparte
consiste, Floris, mi honor.
Ama el juez tu valor;
el deseo que en mí ves
abogado tuyo es;
parte, amor, tras tanta ausencia;
mira, Floris, qué sentencia
darán contra ti los tres.

Floris

Engañada, esposo mío,
por tu muerte, aunque fingida,
llegué hasta perder la vida
con piadoso desvarío
los dioses, de quien confío
que te han de decir quién fui
y en qué soledad viví,
no quisieron que muriese,
para que mi honor pudiese
volver agora por mí.

Pregúntale a Doristeo
mi resistencia y valor,
y las fuerzas de mi honor
contra su loco deseo;
también pregunta a Perseo
si sus bodas desprecié;
qué casamientos dejé
pregunta a Tebas, y luego
el elemento del fuego
verás ardiendo en mi fe.

Pues entre mil despreciados,
¿porqué había de querer
un extraño mercader
y unos celos disfrazados?
Despertaste mis cuidados,
que casi fueron antojos,
viendo a Céfalo en tus ojos.
Si tú te ofendiste a ti,
no digas que te ofendí,
ni me des sin causa enojos.

Que cuando te hubiera amado
no quedaras ofendido,
porque siendo tú el querido,
no fueras el agraviado.
Fuera de eso, disculpado
pudiera quedar mi error,
pues eras muerto, señor,
y con testigos tan ciertos,
pues se entierra con los muertos
el respeto del honor.

Los maridos, pues lo eres
de aquella fiera homicida,
no vuelven de la otra vida
a castigar sus mujeres.

Memorias castigar quieres
de tu mismo amor celoso,
ni fue error, pues fue amoroso;
que si quererte quería,
era que el alma decía
que eras tú mi dulce esposo.
Fue error de la fantasía
adonde te estaba viendo,
como quien dice durmiendo
las cosas que hace de día.
Por esta causa sería,
que como en lo que te quiero
he pensado un año entero,
de costumbre que he tenido
en abrazarte fingido,
te abrazaba verdadero.

Céfalo

Ya, ¿de qué puedo agraviarme?
que, aunque ofendido me hubieras,
disculpa, Floris, tuvieras
en la gracia de culparme.
Llega, permite abrazarme;
bien dices: ya estaba muerto.
Ya estoy de mi engaño cierto.

Floris

¿Querrás hacerme pedazos?
Pero si muero en tus brazos,
yo sé que en morir acierto.

(Abrácense.)

Céfalo

¡Ay, mi bien! ¡Qué gran consuelo!
¡Ay, no te apartes de mí!
¡Ay, quién se quedará ansí,

como el Géminis del cielo!

Floris ¿Ya no me matas?

Céfalo Estoy
muerto en tus brazos.

Floris Espera:
Diana es ésta.

Céfalo Quisiera
hablarla, ¡qué necio soy!
que dicen que ningún hombre
la puede hablar.

Floris Es verdad;
no quieras que su deidad,
o te castigue, o te asombre:
escóndete, esposo, allí.

Céfalo ¿Iráste con ella?

Floris No,
que no te he abrazado yo
para apartarme de ti.

(Diana y Aurora, y Diana con un dardo dorado.)

Aurora Un hombre me parecía.

Diana Será pastor de esta selva.

Aurora Huyó en viéndote.

Diana

No vuelva
Floris a mi compañía.
¿Qué es esto, enemiga? ¿ansí
has despreciado mi amparo?

Floris

Si el engaño te declaro,
tú misma hablarás por mí:
Céfalo, mi dulce esposo,
con tal llanto ha satisfecho
mi temor, que habemos hecho
paces; ya no está celoso,
ya conoce mi lealtad,
ya mi firmeza agradece;
y así, razón me parece,
Diana, que tu deidad
me dé licencia, que quiero
volverme a Tebas con él.

Diana

Mira, no te fíes de él,
prueba su verdad primero,
que puede ser que por mí
te respete en esta selva,
y que cuando a Tebas vuelva
se quiera vengar de ti.

Aurora

Es muy justo advertimiento:
viva algún tiempo contigo
donde, temiendo el castigo,
excuse el atrevimiento;
que después que algunos días
vuelva en tus brazos amor
a ser el mismo, o mayor,
del que entonces conocías,
volverás a la ciudad.

Floris — Paréceme buen consejo.

Aurora — Aquí tiene un pastor viejo
una famosa heredad,
  con una casa extremada,
y yo haré que os tenga en ella.

Floris — Tú serás, Aurora bella,
mi amparo.

Diana — Floris amada,
  quisiera tener qué darte,
ya que de mi compañía
te partes.

Floris — Señora mía,
no el alma, el cuerpo se parte.

Diana — Solo este dardo te doy,
prenda que en mucho estimé
desde que a Tebas bajé,
en cuyas selvas estoy.
  No le tirará persona
sin matar a quien tirare;
no hay fiera que en monte pare,
por cuantos el Sol corona;
  no hay un ligero animal
que no alcance.

Floris — Por mi esposo,
de tu brazo generoso
aceto el don celestial;
  que es notable cazador

y lo estimará en extremo.

Diana

Que dilato, Floris, temo
las paces de vuestro amor.
  Tú, Aurora, busca esa casa,
y quedaos los dos con Dios.

(Váyase.)

Aurora

Bien podéis hablar los dos,
pues ya de las selvas pasa.

Floris

  Yo voy, con licencia tuya,
a hablar mi Céfalo amado.

(Váyase.)

Aurora

  Amor, el daño pasado
  en más bien te restituya.
  ¡Ay de mis pensamientos mal logrados!
¡Ay de mis esperanzas mal nacidas,
un año vanamente entretenidas
en contentos de amor siempre engañados!
  Arrojé de mis brazos despreciados
un hombre que me cuesta tantas vidas,
y vuelven a dar sangre las heridas
viendo mi amor los celos declarados.
  Mientras quien llora agravios no procura
ver la ocasión, en duda se defiende
y del bien que merece se asegura;
  pero si el alma ve que quien la ofende
goza de mayor gracia y hermosura,
hiélase el gusto y el amor se enciende.

(Salen Felicio y Anteo, villanos.)

Felicio

  Un año habrá por agora
que vino el Príncipe aquí.

Anteo

Junto a la fuente le vi.

Aurora

Pues ¡Felicio!

Felicio

¡Hermosa Aurora!

Aurora

  ¿No sabes como te quiero
dar dos huéspedes famosos?

Felicio

Cortesanos enojosos,
si son de Tebas, espero.

Aurora

No son sino dos casados
que han dejado la ciudad,
para hacer de su amistad
testigos montes y prados.

Felicio

  Pensé que era de la gente
que paga en lisonjas vanas,
que habla tardes y mañanas,
y sabe más quien más miente.
  Pensé que era quien no da
y de todo se aprovecha,
gente que nada sospecha
en lo que interés le va;
  pero pues casados son
y de allá vienen huyendo,
solo servidos pretendo,
no quiero más galardón.

Aurora
Voy por ellos.

Felicio
Mi Belisa
sabe ya lo que ha de hacer.

Aurora
De que me habéis de perder,
celos, el amor me avisa.

(Váyase.)

(Entra Fabio.)

Fabio
¿En qué tengo de parar
al fin de tanto camino?
¿Yo por selvas peregrino,
sin hallar villa o lugar?
¿Yo sin comer y dormir
por seguir a una mujer?
Conviértete en alcacer,
Dafne, y déjame vivir.
Aquí en la hierba se envuelve,
allí se torna gazapo,
aquí de un tigre me escapo,
allí en sátiro se vuelve.
Yo ¡triste!, de rama en rama,
como tras pájaro nuevo,
sus ojos llevo por cebo,
y voy donde amor me llama.
Aquí están dos labradores.

Felicio
Este es algún cazador.

Fabio
¿Si sabrán de mi señor?

¿Han visto un loco de amores
que va por aquí perdido?

Felicio — En esta selva no posa
sino la más casta diosa,
no la madre de Cupido.
Mirad, señor cortesano,
que la piséis con respeto.

(Váyanse.)

Fabio — Oye.

Anteo — ¿Qué manda?

Fabio — En efeto,
¿no hay poblado hasta lo llano,
ni qué comer ni beber?

Anteo — Fuentes hay y fruta alguna.

Fabio — Fruta y agua en panza ayuna,
¿quién la podrá detener?

Felicio — Pues advertid, caballero,
que no de todas se bebe,
donde más limpio se mueve
claro cristal lisonjero;
porque hay fuente que en bebiendo
quita el seso.

Fabio — ¡Santo Dios!

Felicio — Que hacen necios más de dos.

Fabio ¿Necios? Ya lo estoy temiendo.

Felicio Muchos hay en mi lugar
que de esta fuente han bebido;
bien haya el vino, que ha sido
discreto en callar y hablar.
Hay fuente que hace los hombres
miserables, gruñidores,
falsos, ingratos, traidores.

Fabio No digas más, no las nombres.

Anteo Árbol de fruta hay aquí,
que, en tirando de una pera,
sale del árbol afuera,
ligero como un neblí,
un sátiro por detrás,
y sacude un pescozón.

Fabio Montes de los diablos son;
no los vuelvo a ver jamás.

Felicio Aquí hay manzano que quita
la generación a quien
come su fruta.

Fabio Está bien:
no en balde en montes habita;
pero espántome que, luego
que se supo en este valle,
las pastoras de buen talle
no los hayan dado al fuego.

Anteo — Hay unos árboles bellos
que hacen luego encanecer.

Fabio — Ganaría de comer
hombre que tratase en ellos.

Anteo — Si con su fruta topáis,
vos saldréis viejo.

Fabio — No quiero
comer en mi vida.

Felicio — Espero
que luego los conozcáis.

Anteo — Si alguna ninfa saliere
de estas ramas en que andáis,
guardaos que no comáis
ninguna cosa que os diere;
y quedaos con Dios.

(Váyanse.)

Fabio — El cielo
os guarde; yo estoy sin mí:
¿adónde voy por aquí?
que el temor me ha vuelto en hielo.

(Entre Aurora con Belisa, y traigan dos fuentes de plata con flores, y debajo, en la una de ellas, harina, y en la otra humo.)

Belisa — Ya quedan aposentados
por darte gusto, señora.

Aurora — No les amanezca aurora
con rayos del Sol dorados.
Celos me matan, Belisa;
pero, vamos, que Diana,
toda esta alegre mañana,
fatigada el monte pisa,
y ya querrá descansar.

Fabio — Allí dos pastoras veo:
comer y beber deseo;
mas no me atrevo a llegar.
Pero ¿qué dudo? Que Aurora
y Belisa son.

Aurora — ¿Qué es esto?
¿Hombre en tan secreto puesto?

Fabio — ¿No me conoces, señora?

Aurora — ¿Es Fabio?

Fabio — El mismo.

Aurora — Pues ¿dónde
vas de esta suerte perdido?

Fabio — A mí señor, ofendido,
tu selva sagrada esconde.
Que en busca de su mujer
va loco de valle en valle.
¿Tenéis, mientras no le halle,
algo que pueda comer?
¿Qué es lo que lleváis ahí?

Belisa — Llega el rostro y comerás.

Fabio — ¿Dentro?

Belisa — Sí.

Aurora — Llégate más.

Fabio — No he topado nada aquí.

(Levante el rostro del plato de la harina todo blanco.)

Belisa — ¡Oh, qué hermoso que has quedado!

Fabio — Sí, pero nada topé.

Aurora — Prueba de éste.

Fabio — Probaré.
Las flores solas me has dado.

(Alce la cara llena de humo.)

Belisa — Agora que estás hermoso,
cuanto quisieres tendrás.

(Váyanse las dos.)

Fabio — Qué comer quisiera más.

Belisa — ¡Adiós, mi Fabio amoroso!

Fabio — Tras ellas irme quisiera,
pero temo un mal suceso.

(Doristeo y Perseo y su gente.)

Doristeo
Gran trabajo me ha costado
hallar a Floris, Perseo.

Perseo
En fin, sabe Vuestra Alteza
que aquí tienen aposento.

Doristeo
Y que están los dos en paz
para matarme de celos.

Perseo
Acaba ya con su esposo,
pues que no hay otro remedio;
que esta tierra da ocasión,
con mil animales fieros,
para ponerles la culpa,
y será cierto el suceso.

Doristeo
Toda esta selva sagrada
llena está de semideos,
silvanos, sátiros, faunos,
centauros y anfesibenos;
hanle de ver porque están
todos los árboles llenos,
y publicarlo de suerte
que pierda el honor que tengo.

Fabio
Cazadores son, y aquél
debe de ser Doristeo.
¿Qué temo de hacerte señas?
¡A la ho, ah caballeros!

Doristeo
¡Júpiter santo me valga,

y qué sátiro tan feo!

Perseo — Fauno es, sin duda.

Fabio — ¿Yo fauno?

Doristeo — Tírale y mátale, Ardenio

Fabio — ¡Tírale y mátale! Pies,
en vos está mi remedio.

(Húyese.)

Cazadores — ¡Guarda el fauno! ¡Hola, pastores!

Perseo — ¡Guarda el fauno!

Fabio — ¡Yo soy muerto!

(Felicio y villanos con chuzos.)

Felicio — ¿Qué es de él, por dónde va?

Doristeo — Ya sube el monte, midiendo
con las plantas los peñascos,
y con los brazos el viento.

Julio — ¡Que no llegáramos antes!

Doristeo — Mal los queréis.

Julio — Hannos hecho
grandes males.

Doristeo
¿Cómo ansí?

Anteo
¿Qué cabrito, fruta y queso,
no nos comen cada día?

Julio
La comida es lo de menos.
¡Ay de la moza que agarran!

Doristeo
Pues ¿llevanla?

Julio
Sin remedio.

Doristeo
¿Dónde?

Julio
Allá se la zambullen
por esos bosques espesos.
No ha un mes que la pobre Silvia,
de nuestro zagal Riselo,
parió dos medios cabritos,
uno blanco y otro negro.

Doristeo
Id, pastores, a seguirle;
y vos aguardad, buen viejo,
que el Príncipe os quiere hablar.

Felicio
Los pies mil veces os beso:
seguid el fauno, pastores.

Anteo
¡Voto al Sol, que le derriengo
si con la tranca le alcanzo!

Felicio
Si soy del servicio vuestro,
mandadme, Príncipe ilustre.

Doristeo — Fiarte, Felicio, quiero,
conociendo tu valor,
un pensamiento secreto.

Felicio — ¿Es acaso amor de Floris?

Doristeo — ¡Ay, padre, por Floris muero!
Tu Rey soy, mas si me ayudas,
hacerte mi Rey prometo.

Felicio — Si es para daros entrada,
no puedo decir que puedo,
porque es la mujer más casta
que ha visto en su edad el tiempo;
si para sacarla adonde
la podáis hablar, sospecho
que lo que el ingenio falte,
me diga el amor que os tengo.

Doristeo — Eso te pido no más;
y a no estar, como lo vemos,
tan cerca mis cazadores,
hiciera un notable exceso:
besara tus pies, Felicio.

Felicio — ¡Señor, yo soy el que debo
ser la tierra de esos pies!

Doristeo — ¿Cómo podrás?

Felicio — Oye atento:
lo que más a las mujeres
las saca de sí, son celos;
ella lo está de su esposo;

decirle que quiere quiero
una ninfa de este valle;
con esto le irá siguiendo,
y tú, escondido, podrás
hallar a tu mal remedio.

Doristeo — ¿Haráslo así?

Felicio — Luego al punto.

Doristeo — Ellos vienen, yo te dejo.
¡Hola, seguidme!

Perseo — Mi amor
se cansó de dar al viento
esperanzas lisonjeras;
y es el del Príncipe eterno.

(Salen Floris y Céfalo.)

Céfalo — ¿Estás asegurada
del amor que te tengo, Floris mía?

Floris — Estoy bien empleada,
pues te gozo, mi bien, como solía;
que en lo demás, la muerte
ya no lo puede ser después de verte.

Céfalo — Después que me has contado
que el Príncipe te amaba, estoy celoso,
no porque te he culpado,
pero porque un amante poderoso,
si quiere con violencia,
ni basta honestidad, ni resistencia.

Floris
Pésame de tu pena:
amando, somos necias las mujeres;
mas de esta selva amena
en mi vida saldré si tú no quieres.
El viva las ciudades,
y yo contigo aquí las soledades.
Asegura mis celos
del tiempo que has faltado de mis brazos.
Así te den los cielos,
después de larga vida, largos plazos
para que a vivir vuelvas.

Céfalo
De mi amor son testigos estas selvas:
si Júpiter formara de su idea
una belleza tal, una hermosura,
que la del Sol, tan celestial criatura,
con sus divinos ojos fuera fea;
si cuanto abril en flores hermosea
tuviera su color, su nieve pura,
y para su riqueza la ventura
le entregara la copia de Amaltea;
si fuera amor de su valor despojos,
y de su perfección jamás oída,
la misma castidad tuviera antojos;
si como el fénix única nacida,
no te olvidara, Floris de mis ojos,
porque eres alma de mi propia vida.

Floris
Pues si, de su poder por muestra rara,
hermoso un hombre Júpiter hiciera,
de suerte que la envidia no pudiera
poner falta en su cuerpo ni en su cara;
si de Apolo la cítara igualara,

y en la voz a las Musas excediera,
y si al planeta de la quinta esfera
la fama de las armas le quitara;
si de sabio, discreto y entendido
todos los sabios le rindieran palma,
y el más antiguo rey de bien nacido;
si su valor tuviera el mundo en calma,
no te olvidara, Céfalo querido,
porque eres cielo en que descansa el alma.

Céfalo

Siendo verdades ciertas
las que me dices, Floris de mis ojos,
¿qué importan las inciertas
sospechas de mis celos?

Floris

Darme enojos
con celos ya no es justo.

Céfalo

Amor solo con celos da disgusto,
mas no sabe excusarlos;
huélgome de vivir en esta selva
para poder dejarlos.

Floris

Si tú no quieres que en mi vida vuelva
a la ciudad, mi vida,
de cuando no eres tú mi amor se olvida.

Céfalo

La caza es mi ejercicio;
aquí viviré yo con más contento:
mi regalado oficio
es seguir por el campo, o por el viento,
las aves o las fieras,
o pescar de Anfitrite en las riberas.
Aquí, cuando la aurora

hurte cabello al Sol para el tocado
de la frente de Flora,
saldré con tu licencia al verde prado,
a la caza que pare,
y a néctar te sabrá lo que matare;
  no saldré por la tarde
por que no falte noche a tu deseo,
ni cuando Febo arde
en las guedejas del León nemeo,
pondré a la Luna redes,
porque no quiero yo que sola quedes.

(Dentro.)

Julio ¡Guarda el fauno, guarda el fauno!

Floris ¿Qué es esto?

Felicio No os cause pena;
que no se atreven de día
los faunos a las aldeas;
éste es un sátiro necio
que habrá topado en las eras
la bota de algún pastor,
y busca dónde la duerma.

(Entre huyendo Fabio, tiznado.)

Fabio ¡Socorro, amparo, señores!

Céfalo Pues ¿aquí te atreves, bestia?

Fabio Céfalo, detén la espada.
Fabio soy.

Céfalo ¿Tú Fabio? Espera.

Fabio Sí, señor; ¿no me conoces?

Céfalo Pues ¿cómo desta manera
andas por aqueste monte?

Fabio ¿Qué tengo?

Céfalo ¿Qué? La más fea
figura y rostro que han visto
los pastores de esta selva.

Fabio Sin duda me han trastornado.

Céfalo Vente conmigo.

Fabio No creas
que mientras aquí vivieres
serás lo que de antes eras.

Céfalo En esta fuente te quiero
lavar.

Fabio Vamos, y si llega
algún pastor a matarme,
te ruego que me defiendas.

(Váyanse.)

Floris Dime, huésped, ¿desta suerte
tratan los hombres aquí?

Felicio — Los que no se guardan, sí.

Floris — De sus engaños me advierte.

Felicio — ¿Qué mayor que el de tu esposo?

Floris — ¿A mi esposo han engañado?

Felicio — Ninfas se han enamorado
de su talle y rostro hermoso,
y aun él lo ha estado de alguna.

Floris — ¡Ay de mí!

Felicio — No lo sé bien,
ni a ti es razón que te den
celos de la misma Luna:
disimula, que podrás
callando saber quién es.

Floris — Tú, si alguna cosa ves,
huésped, ¿no me avisarás?

Felicio — Como viere tu prudencia.

Floris — Palabra te doy de ser
para los celos mujer,
mas no para la paciencia.

Felicio — Pues yo me voy a informar
de pastores deste valle;
que como tu lengua calle,
bien lo podrás remediar;
pero si hablas aquí,

transformarán a tu esposo.

Floris
Vete.

Felicio
Júpiter piadoso
se duela de él y de ti.

(Váyase.)

Floris
¡Oh mal que el cielo dio para castigo
de quien vivir con libertad pretende!
No digo amor, que amor a nadie ofende;
celos iba a decir, agravios digo.
Pero si celos son con un testigo,
¿qué amor de la sospecha se defiende?
pues una sola vida y alma enciende
a quejarme de ti, dulce enemigo.
Dice mi amor que deje los desvelos,
con que a engañarme la sospecha viene
entre seguridades y recelos.
Y como en esta duda se entretiene,
voy a quererte, y tiénenme los celos;
voy a olvidarte, y el amor me tiene.

(Entren Céfalo y Fabio.)

Céfalo
Aun agora pareces
hombre como los otros, Fabio amigo.

Fabio
Dame tus pies mil veces,
si puedo ya, señora, hablar contigo.

Floris
Fabio, de aquestas selvas
será milagro que a la patria vuelvas.

Fabio — Dios nos defienda a todos.

Céfalo — Mi bien, antes que el Sol su rostro encienda,
por los más tiernos modos
de amor, te pido, dulce hermosa prenda,
licencia para darte
despojos de una fiera en cierta parte:
diόme un pastor aviso;
déjamela matar por vida tuya;
que al Príncipe no quiso
darle este lance en una selva suya,
y por eso querría
que fuese empresa solamente mía;
no te enojes, mis ojos;
que por sus luces amorosas juro
de no te dar enojos,
pues con jurar por ellos te aseguro
de volver esta siesta,
y aguardarásme tú la mesa puesta.
Ea, ¿qué dices?, ¿puedo?
Di que sí por tu vida.

Floris — Ya lo digo.

Céfalo — Con pena quedas.

Floris — Quedo
triste de no saber que voy contigo.

Céfalo — Y dentro de mi pecho,
de amores tuyos y regalos hecho.

Floris — No me digas amores;

que quien los dice al tiempo que se parte,
gustos tiene traidores.

Céfalo
Pues ¿hay causa mayor?

Floris
Quiero avisarte,
mi bien, que han de decirse
para quedarse, y no para partirse.
Este dardo Diana
me dio para las fieras, tan dichoso
que no hace suerte vana
en tigre, en pardo, en sierpe, en león, en oso
que cobardes venados
de verle se le rindan por los prados.
Este te doy, mis ojos,
porque te acuestes en aquesta ausencia.

Céfalo
¿Ausencia? Dasme enojos.
Siempre, mi vida, estás en mi presencia:
aceto y beso el dardo
que basta a hacerme cazador gallardo.
De hoy más tembladme, fieras,
que de vosotras soy fatal estrago
por montes y riberas;
adiós, mi bien.

Floris
Aún no me satisfago
de mi temor celoso,
que es cobarde el temor si está dudoso.

Céfalo
Vente, Fabio, conmigo.

Fabio
¿Allá tengo de ir?

Céfalo — No tengas miedo.

Fabio — ¿Qué es miedo? Voy contigo,
ya Marte en el valor.

Floris — Muriendo quedo:
los cielos te acompañen;
ni las fieras, mi bien, ni el Sol, te dañen.

Fabio — No voy con mucho gusto,
que desde que por fauno me tuvieron,
traigo mortal disgusto.

Floris — ¡Ay, cielos! Mis deseos se cumplieron,
si este nombre merecen
celos que a ver si son verdad se ofrecen:
seguir quiero a mi esposo;
sin duda alguna ninfa que le tuvo
con encanto amoroso,
y un año en este bosque le detuvo,
le ha dicho que le aguarda:
¡celos, volad, que amor es ave y tarda!

(Belisa entre.)

Belisa — ¿Dónde vas, Floris hermosa?

Floris — No me detengas, Belisa,
pues que mi inquietud te avisa
que debo de estar celosa.

Belisa — Ya que has vuelto a ser esposa
de Céfalo, sin temor
vive, que el pasado amor

de quien aquí le quería,
se templó desde aquel día
que conoció tu valor.

Floris — ¿Quiéresme decir quién es?

Belisa — No, pues que ya no te ofende.

Floris — Belisa, el amor se enciende
con las dudas, ya lo ves.

Belisa — Si te ha de pesar después,
mejor encubierto está.

Floris — ¿Ni una letra me dirá
tu rigor de esta mujer?

Belisa — Una, ¿qué te puede hacer?

Floris — ¡Di, por Dios!

Belisa — Comienza en A.

Floris — Di la segunda siquiera:
que bien me lo debes tú.

Belisa — ¡Extraña estás!

Floris — Dila.

Belisa — Es U.

Floris — ¿Burlas, Belisa?

Belisa Quisiera.

Floris Dime la letra tercera.

Belisa La tercera letra es R.

Floris Haz que esa letra se cierre.

Belisa Perdona; que estás cansada.

Floris Soy celosa desdichada,
o habrá cosa en que no yerre.

(Váyase Floris.)

Belisa ¡Necia estás!

(Entre Aurora.)

Aurora ¿Qué es lo que agora
dijiste a Floris de mí?

Belisa Tres letras le dije aquí
de tu nombre, hermosa Aurora;
que como su esposo adora,
el dueño saber procura
de sus celos.

Aurora No es cordura,
porque se aumenta el amor
con la envidia y el temor
que da la ajena hermosura.
Cuando yo a Floris no vía,
menos sentía el desdén,

Belisa amiga, de quien
por ella me aborrecía;
mas desde aquel triste día,
por Céfalo estoy muriendo;
de Floris lo mismo entiendo
si supiese que soy yo
por quien un año olvidó
lo que envidiosa pretendo.

Belisa
Hablando hemos bajado
a la fuente de Diana.

Aurora
Lo fresco de la mañana
ilustró su verde prado.

Belisa
Las verdes ramas han dado
señal de que gente viene.

Aurora
Ya ni guardarme conviene,
ni ser más que una mujer
que mira en otro poder
toda la vida que tiene.

(Salen Céfalo, con el dardo, y Fabio.)

Fabio
Aquí puedes descansar.

Céfalo
Y más, que las linfas puras
se adornan de dos figuras.

Fabio
Y es mármol que sabe andar.

Céfalo
Cansado vengo de dar
pasos sin provecho al viento.

Aurora ¿Eres tú, monstruo sediento?
¿Vienes a dar a la fuente
veneno, con que la gente
muera de cristal violento?
¿Eres tú quien me dejó
cuando más alma le di,
y quien luego trujo aquí
la causa que me mató?
¡Ingrato! ¿En qué te ofendió
mi amor? Fuéraste con ella,
gozárasla; mas traella
donde la viesen mis ojos,
¿fue para aumentarme enojos,
o para darlos a ella?
¿Qué puede Floris hacer
si sabe que yo te quiero?
Y yo, ¿qué he de hacer, si muero
de que la has de querer?
Las dos habemos de ser
desdichadas pues te agrada,
por bizarría excusada,
que perdamos alma y vida;
ella, celosa querida,
y yo, celosa olvidada.

(Váyase.)

Céfalo ¡Aurora, Aurora!

Belisa No es bien
que vuelva a satisfacciones
mujer que a morir la pones
con tan ingrato desdén.

Fabio — Y tú, ¿quéjaste también
de que soy ingrato yo?

Belisa — ¿Tú no eres hombre?

Fabio — Yo, no,

Belisa — ¿Eres fauno? ¿Bestia eres?

(Váyase Belisa.)

Fabio — ¿Tales dejáis las mujeres
a quien vida y alma os dio?
Tú me debes de engañar;
que yo debo de tener
otra cara desde ayer.

Céfalo — Allí te puedes mirar,
mas déjame descansar
al ruido de esta fuente;
que amor, cuando ya no siente,
es mármol a toda queja,
y si vuelve a lo que deja,
todo cuanto dice miente.

(Siéntase Céfalo.)

Fabio — En amores acabados,
siempre fui de parecer
que ni el hombre, o la mujer,
vuelven bien reconciliados.
Aquellos gustos pasados
todos parecen fealdades;

las finezas, necedades;
las locuras, fantasías;
los papeles, boberías;
y los amores frialdades;
descansa, y goza tu esposa.

(Sale Floris.)

Floris
Por aquí pienso que van:
pero ¿qué digo? Allí están;
selva, esconde una celosa.

Céfalo
¡Ven, Aurora mía amorosa!
¡Ven, Aura mía suave!

Floris
¡Ay cielos, todo se sabe!
¿A Aura llama? ¡Sí, Aura espera!
¡Viva mi honor, mi amor muera
como mi vida se acabe!

Céfalo
¡Aura, venme a refrescar:
que tengo de aquesta siesta
gran deseo de tus brazos!

Floris
¡Ay Dios, sus brazos desea!
Aura llama; ya, ¿qué dudo?
Las letras dicen que es ella;
verdad me dijo Belisa.
ellas son las mismas letras:
la primera letra es A;
U, la segunda; tercera,
es R.

Céfalo
¡Ven, Aura hermosa!

Fabio — Ya por estas hojas suena.

Floris — No querría que de mí
le advirtiesen estas quejas;
aquí me quiero esconder
para aguardar a que venga.
Traidores hombres, ¿de quién
puede fiarse una ausencia?
Loca está mujer que os ama.

(Entrese.)

Céfalo — Ya el viento, Fabio, refresca.

Fabio — No tengo por buena vida
la del cazador.

Céfalo — No seas
enemigo de la caza,
que es imagen de la guerra.

Fabio — Es notable su trabajo;
ya por montes, ya por sierras,
ya le derriban los troncos,
ya el caballo le despeña;
oféndele el Sol, el aire;
come mal, duerme en la hierba,
y aún se envejece más presto:
dichoso un hombre que juega;
lindo vicio estar sentado
en una silla a una mesa,
hecho tejedor de naipes.
Unos salen, otros entran;

si gana, dice donaires;
toda la chusma celebra
las necedades que dice
por los baratos que espera.
Nunca le faltan dineros,
todos le dan y le prestan,
no le despeña el caballo
estáse la silla queda,
y nunca es tan desdichado,
por más que jugando pierda,
que no le falten amigos
y dineros.

Céfalo — Bien te quejas,
y conforman a tu honor
tus deseos.

Fabio — Yo quisiera
ejercicios descansados.

Céfalo — ¿Qué es lo que en las ramas suena?

Fabio — No sé, por Dios.

Céfalo — ¿Si es acaso,
Fabio amigo, aquella fiera
que nos dijo aquel pastor?

Fabio — No creas, señor, que es ella.

Céfalo — ¿Cómo no? Tirarla quiero.

Fabio — No la tires.

Céfalo ¡Fuera!

Fabio Espera.

Céfalo Haz esta famosa suerte,
dardo de Diana bella.

(Dentro.)

Floris ¡Ay, esposo, que me has muerto!

Céfalo ¿Es voz?

Fabio El alma me tiembla:
que me has muerto, esposo, dijo.

Céfalo ¿Esposo? Apártate.

Fabio Llega.

(Salga Floris con otro dardo atravesado, que le habrán puesto entretanto que estaba escondida, de la misma manera, terciado de azul y oro.)

Floris ¡Ay, Céfalo de mi vida,
aunque ya la tengo apenas!

Céfalo ¿Eres tú, señora mía?

Floris ¿Quién quieres, mi bien, que sea?

Céfalo ¿Yo te he muerto?

Floris Tú me has muerto.

Céfalo
¡Desdichada fue mi estrella!
¿Qué haré, Fabio?

Fabio
Estoy sin alma.

Céfalo
Mataréme antes que muera.

Floris
¡Esposo, esposo!

Céfalo
¡Mi vida!

Floris
¡Ay Dios, qué mal te aconsejas
en matarte, pues me matas
dos veces de esa manera!
Llégate a mí, señor mío;
oye, ansí más dichas tengas
que tu desdichada esposa,
pues ha de ser la postrera,
una palabra no más;
mira que ya por la puerta
de la herida sale el alma.

Céfalo
Aquí estoy, para que creas
que no sé cuál es mayor,
o la vergüenza, o la pena.

Floris
Solo un bien quiero pedirte
que en la muerte me concedas,
y hasme de dar la palabra
de cumplir lo que prometas;
que lo que pide el que muere,
obliga con mucha fuerza.

Céfalo
¿Qué me puedes tú pedir

que dificultoso sea,
no pidiéndome que viva
después que te viere muerta?

Floris
Que no te cases con Aura,
Aura que tanto deseas,
Aura que tanto llamabas,
pues que me has muerto por ella:
por ella vine celosa;
mi amor, mi bien, te merezca
que no le des este gusto.

Céfalo
¿Hay desdicha como aquésta?
¿Celos de Aura te han traído
siguiéndome por la selva?
Aura, amores, no es mujer,
ni yo la llamé por verla;
Aura es un viento, mis ojos,
que blandamente refresca.
¿Hay tal engaño?

Fabio
¡Por Dios,
que con razón te lamentas
de tu estrella desdichada!

Céfalo
Y ¡qué desdichada estrella!
¡Pastores de aquestos montes,
ninfas, aves, flores, fieras,
venid a matarme todos;
yo os maté la primavera
yo he muerto al Sol!

(El Príncipe Doristeo, Perseo, Aurora, Belisa, Felicio y todos.)

Doristeo ¿Qué es aquesto?
Céfalo, ¿de qué te quejas?

Céfalo ¡Ay, príncipe Doristeo!
¿Qué mal puede haber que sea
como el mío? ¡He muerto a Floris!

Doristeo ¿Tú mismo?

Céfalo Entre estas adelfas,
celosa estaba escuchando
las palabras lisonjeras
que al Aura dije, abrasado
del Sol en su ardiente siesta.
Pensé que era fiera, ¡ay triste!
Tiréle este dardo, que era
prenda de la infame diosa
que estas riberas afrenta.
¡Dejadme quitar la vida!

Doristeo Deja la espada: no quieras
más espada que el dolor.

Aurora ¡Floris! ¡Ah, Floris!

Belisa ¡Ah, bella
Floris!

Fabio Ya el alma partió.

Céfalo ¡Ah, señora! ¿Al fin me dejas?
¿Por qué me estorbáis matarme?
¡Vive Dios, Luna sangrienta,
que de envidia diste el dardo

a mi esposa, que a tu esfera
suban mis brazos gigantes,
con más olimpos y Flegras!
Echaréte de los cielos,
porque los cielos no tengan
envidiosas del valor
de la virtud de la tierra;
ya saben que no eres casta,
aunque de casta te precias;
pregúntale a Endimión
qué dice de tus flaquezas.

Fabio — ¡Ah, señor, vuelve en tu acuerdo!

Doristeo — El alma tengo suspensa.

Aurora — Y yo, en lugar de venganza,
le ofrezco lágrimas tiernas.

Doristeo — Floris, yo fui desdichado
en amarte; si mi pena
es tan grande aborrecido,
¿cuál será la que le queda
a quien fue de ti adorado?
Dadle, ninfas de estas selvas,
sepultura en oro y jaspe,
y acabe aquí la tragedia
de la mujer que ha tenido
más desdicha y más firmeza.

Fin de la comedia

Libros a la carta

A la carta es un servicio especializado para
empresas,
librerías,
bibliotecas,
editoriales
y centros de enseñanza;
y permite confeccionar libros que, por su formato y concepción, sirven a los propósitos más específicos de estas instituciones.

Las empresas nos encargan ediciones personalizadas para marketing editorial o para regalos institucionales. Y los interesados solicitan, a título personal, ediciones antiguas, o no disponibles en el mercado; y las acompañan con notas y comentarios críticos.

Las ediciones tienen como apoyo un libro de estilo con todo tipo de referencias sobre los criterios de tratamiento tipográfico aplicados a nuestros libros que puede ser consultado en Linkgua-ediciones.com.

Linkgua edita por encargo diferentes versiones de una misma obra con distintos tratamientos ortotipográficos (actualizaciones de carácter divulgativo de un clásico, o versiones estrictamente fieles a la edición original de referencia).

Este servicio de ediciones a la carta le permitirá, si usted se dedica a la enseñanza, tener una forma de hacer pública su interpretación de un texto y, sobre una versión digitalizada «base», usted podrá introducir interpretaciones del texto fuente. Es un tópico que los profesores denuncien en clase los desmanes de una edición, o vayan comentando errores de interpretación de un texto y esta es una solución útil a esa necesidad del mundo académico.

Asimismo publicamos de manera sistemática, en un mismo catálogo, tesis doctorales y actas de congresos académicos, que son distribuidas a través de nuestra Web.

El servicio de «libros a la carta» funciona de dos formas.

1. Tenemos un fondo de libros digitalizados que usted puede personalizar en tiradas de al menos cinco ejemplares. Estas personalizaciones pueden ser de todo tipo: añadir notas de clase para uso de un grupo de estudiantes, introducir logos corporativos para uso con fines de marketing empresarial, etc. etc.

2. Buscamos libros descatalogados de otras editoriales y los reeditamos en tiradas cortas a petición de un cliente.

Made in the USA
Monee, IL
19 October 2026

66035583R00083